KB057129

존중받지 못하는 아이들

우리가 꼭 알아야 할
아동 인권 이야기

○

존중받지
못하는
아이들

박명금, 손민원, 김보희
김보선, 김현정 지음

서 사 원

아동 인권 한 스푼을 더하며

"아동에게도 인권이 있습니다."

이 당연한 말이 왜 필요할까요? 그만큼 잘 지켜지지 않기 때문입니다. 자녀 양육이나 교육 장면에서, 아동 간의 관계에서, 아동과 관련된 중대한 결정에서 인권 침해를 자각하지 못하는 상황이 비일비재하게 일어나고 있습니다. 부모가 자녀를 존중으로 대하지 않거나, 성적이 아동을 평가하는 잣대가 되고, 친구 간의 괴롭힘이 도를 넘고, 아동 혐오나 배제를 부추기는 일들에 제대로 대응하지 못하는 것은 어디에서 비롯되는지 생각해 보아야 합니다.

아동 인권은 추상적이며 나와 상관없는 먼 이야기가 아니라 우리들 삶의 이야기입니다. 누구나 아동이었던 시절이 있었습니다. 돌아보면 참 억울하고 힘든 일도 많았는데 왜 그것을 지금까지도 그대로 반복하고 있는가에 대한 통찰이 필요합니다. "인권이 그렇게 중요해?" "세상 너 혼자 살아? 사회가 이러니 따라가야지." 하면서 엄연하게 존재하는 귀한 권리를 없는 듯 취급하고, 그 의미를 축소하거나 내 멋대로 해석할 수는 없습니다. 또 "모든 부모가 다 그러는 건 아니잖아?" "난 그런 사람 아니야. 나만 잘하면 되지."라고 말하면서 아동 인권을 사회 또는 국가가 아닌 개인의 문제로 보는 것은 아동에 대한 잘못된 인식과 구조적 모순을 외면하게 만듭니다.

✸ '아동 인권'은 우리 모두와 맞닿아 있는 문제입니다

이 책은 양육 상황에서 일상적으로 발생하는 문제를 아동 인권의 관점으로 재해석하여 아동과 양육자를 돕기 위해 썼습니다. 인권 강사들이 강의를 하며 만나는 수많은 부모에게 자주 받는 질문들을 구체적인 상황으로 제시한 뒤 그 상황을 인권의 관점으로 새롭게 해석해 보고 그에 대한 설명을 더했습니다. 이 책에 나오는 사연의 모든 등장인물과 상황은 가공된 것임을 밝힙니다.

우리는 아동을 만나는 모든 사람을 존중할 것을 요구합니다. 양육자에 대한 사회적 존중은 선순환되어 모두에게 돌아오기 때문입니다. 양육자에 대한 존중은 그들이 만나는 아동에게로, 그 아동이 만나는 가족들과 친구들에게로 이어지고 양육자 간의 연대로도 이어집니다.

아동의 양육과 관련한 문제가 생겼을 때 모든 것을 꼭 혼자 해결할 필요는 없습니다. 도움이 필요한 양육자를 비난하지 않고 함께 지지해 주는 사회 분위기가 절실한 때입니다. 우리는 모두 인권을 가진 사람들이고, 아동과도 인권에 기반한 관계를 형성할 의무가 있습니다.

2부 초등학생, 어리다고 얕보지 마세요

3부 청소년 인권을 말하다

영유아에게도
인권이 있을까?

세상에 태어난 아기는
누구나 가치가 있다.

| 찰스 디킨스(영국의 소설가) |

인류의 긴 역사 속에서 아동은 나이가 어리다는 이유로 그 존엄성을 위협받으며 살아왔습니다. 유엔 아동권리협약이 만들어진 시대적 배경에도 취약한 아동을 보호하고 권리 주체로서 아동의 존엄을 회복시키고자 하는 열망이 있습니다. 지금은 인권의 가치에 동의하는 많은 사람이 아동의 권리를 옹호하고 제도와 문화 안에 반영하려고 노력하고 있습니다.

그럼에도 불구하고 아동들이 권리를 온전히 행사하지 못하거나 권리를 침해당하는 일은 왜 생겨나는 걸까요? 근본적으로 아동을 인권의 주체로 인식하지 않는 생활 양식이 아직 사회 전반에 남아 있고, 인권을 해석하고 삶에 반영하는 정도가 저마다 다르기 때문입니다. 또한 아동을 '미래 세대'로 보아, 현재의 지위와 권리를 가볍게 여기는 인식도 작용합니다. 이러한 인식은 나이가 어릴수록 아동의 미숙함을 핑계로 더욱 강력해집니다.

아동 발달 과정에서 '영유아기'는 가장 취약하면서도, 모든 발달의 기초가 형성되어 생애 전반에 커다란 영향을 주는 결정적인 시기입니다. 어느 때보다 발달적 의존성이 높기 때문에 성인의 도움이 절대적으로 필요한 시기이기도 합니다. 이때 양육자의 건강한 돌봄을 받으며 생존과 보호의 권리를 충족한 '영유아'는 세상과 친밀한 관계를 형성할 기초적인 힘을 기르게 됩니다.

영유아의 건강과 안전을 보호하는 것이 성인 양육자의 기본 책임과 역할이라면, 발달권이나 참여권은 영유아 스스로 자신의 목소리를 낸다는 적극적인 의미가 있습니다. 그런데 영유아는 울음이나 미소, 몸짓과 같은 비언어적 수단을 통해 자신을 표현합니다. 우리 모두 그런 시기가 있었지만 오랜 시간 언어로 주고받는 방식에 익숙해져 있기 때문에 그 뜻을 온전히 알아차리기 어렵습니다. 때로는 안 듣기도 하고, 못 듣기도 하며, 엉뚱하게 해석할 때도 있습니다. 영유아의 욕구보다 어른의 욕구를 우선시하기도 하고 어른의 방식과 잣대를 적용하기도 합니다. 영유아지만 미래를 위해 현재의 고통을 감내하라고 강요하고, 너를 위한 일이라며 사랑과 희생의 이름으로 포장하기도 하죠. 권리가 침해당하더라도 영유아들은 스스로 알아차리거나 권리를 주장하기 어렵습니다. 그래서 양육자 스스로 권리 존중의 마음을 가지고 아이들의 목소리에 귀를 기울여야 합니다.

우리가 영유아의 목소리를 들어야 하는 이유는 아이들이 항상 올바르고 좋은 선택을 하기 때문은 아닙니다. 아이들이 목소리를 내는 연습을 할 필요가 있기 때문입니다. 아이가 떼쓰고 실패가 예상되는 일을 주장할 때도 그 속에 숨은 뜻을 찾아내고 소통에 문제가 있는지 살펴봐야 합니다. 목소리를 듣는다는 것은 그런 의미입니다. 아이들이 표현하고 주장하는 것에 관심을 가지는 것입니다.

우리는 매일매일 세상과 다른 사람들에게 나를 표현하고 살아가며, 어떤 식으로든 대접을 받으며 자기 존재의 의미를 찾아갑니다. 영유아도 표현의 수준과 방식만 다를 뿐 똑같이 자신의 삶을 위해 외치는 것입니다. 영유아가 자기 목소리를 낸다는 것은 자기 존재를 드러내는 것이고, 제 몫을 다하겠다는 주장이며, 그 힘을 역동적으로 사용할 준비를 한다는 뜻입니다. 아이들의 목소리를 듣지 않는 것은 아동 권리를 주장하면서, 권리를 존중받을 수단을 빼앗는 것과 같습니다.

숲속 작은 오솔길은 사람이 계속 다니지 않으면 금세 풀과 나무가 자라 없어져 버립니다. 반대로 자꾸 다니면 걸어 다닐 수 있는 길이 만들어지고, 더 많은 사람이 이용하면 산책길이나 둘레 길로 정비되기도 하죠. 좋은 것을 선택하고 즐거운 경험을 하는 것, 권리를 온전히 보장받고 누리는 경험을 하는 것은 아이들의 인생에 커다란 길을 만들어 줄 것입니다.

아이들이 내는 목소리는 물론 아이들 내면의 소리에까지 관심을 가져 보세요. 아이의 눈을 바라보며 함께하는 대화가 아동 참여권 실현의 시작입니다.

"어서 와. 이 세상에 참 잘 왔다."
"네가 성장할 때까지 많이 도와주고, 너와 즐겁게 지내고 싶어."
"네가 바라는 걸 알고 싶고 듣고 싶어."
"네 생각은 어때? 너의 선택이 궁금해."

배가 고파서 우는 게
틀림없어요

👤 밥과 씨름하다 지친 단이 맘

우리 애는 밥만 차리면 울어요.

👤 이유가 궁금한 명 강사

아이가 먹는 걸 안 좋아하나 봐요?

👤 밥과 씨름하다 지친 단이 맘

배가 고파서 못 참는 거예요. 밥을 다 먹고 나
면 눈물을 뚝 그쳐요.

👤 이유가 궁금한 명 강사

울면서 먹다가 잘못 삼키면 위험할 텐데…….
왜 그렇게까지 먹으려고 하세요?

👤 밥과 씨름하다 지친 단이 맘

학대가 아니에요. 배고파서 우는 거니까 어쩔
수 없다고요! 나도 힘들어요.

👤 이유가 궁금한 명 강사

아이한테 진짜 배고픈 거 맞는지 물어보셨
나요?

세 살 단이는 말이 느려 아직 '어~ 어~ 워~' 정도로밖에 자기표현을 못 합니다. 다른 사람들은 단이 말을 거의 알아듣지 못하지만 저는 엄마라서 눈빛만 봐도 아이의 마음을 알 수 있어요.

단이는 요즘 이상한 버릇이 생겼어요. 밥을 차리면 갑자기 큰 소리로 우는 거예요. 다른 것 때문이 아니고 배가 고파서 그러는 거 같아요. 단이가 빽빽거리는 게 듣기 싫기도 하지만 오죽 배가 고프면 저럴까 싶어서 동생도 제쳐 두고 매일 단이부터 챙깁니다. 엉엉 울면서도 어떻게든 잘 받아먹어요. 벌써 일주일째 같은 행동을 반복하고 있습니다. 조금만 기다리면 될 텐데……, 단이는 왜 그 잠깐을 참지 못하고 울어 대는 걸까요? 정말 스트레스를 받아요.

✿ 사례의 재발견

단이는 오늘도 밥상을 차리자마자 꺼이꺼이 울기 시작하네요. 말이 느려서 아이 생각을 정확하게 알 수 없으니 매번 답답합니다. 아무리 봐도 배가 고파서 우는 것 같아서 "밥을 빨리 먹고 싶은 거니?" 하고 살짝 한 입을 먹였더니 우물우물 씹어 삼키면서 또 우는 소리를 냅니다. 우는 아이한테 이대로 밥을 먹이는 건 학대 같다는 생각이 들고, 울다가 음식을 잘못 삼키면 정말 큰일이겠다 싶었습니다.

'단이는 정말 배가 고픈 게 맞는 걸까? 내가 잘못 생각하는 건 아닐까? 정말 배가 고파서 울었다면 밥을 먹는 동안에라도 괜찮아야 하는데 계속 우는 걸 보니 내 생각이 틀렸을지도 모르겠다. 일단 멈춰 보자.'

단이는 분명히 무언가가 뜻대로 안 되고 불편하니까 우는 거겠죠? 단이가 이유를 정확히 이야기하지 못하더라도 제 마음대로 해석하면 안 될 것 같았어요. 같은 방법을 계속 쓰는 것보다 오늘은 일단 울더라도 바로 먹이지 않고 단이의 행동을 관찰해 보아야겠어요.

"단아, 혹시 배고픈 게 아니라 먹기 싫어서 우는 거니? 하던 놀이를 계속하고 싶어서 그러는 거니? 지금 먹기 싫은 거면 엄마가 조금 기다려 줄게."

⚖ 아동 인권 한 스푼

유엔 아동권리위원회는 〈일반 논평 7호〉(2005)를 통해 언어 발달이 완성되지 않은 영유아기 아동의 의견을 무시하거나 간과하는 경향을 지적한 바 있습니다. 영아들이나 의사 표현이 자유롭지 못한 아동도 양육자의 일방적인 돌봄 방식을 수용해야 하는 수동적인 존재는 아닙니다. 말로는 표현하지 못해도 한 사람으로서 생각이 분명히 있을 것이라는 인식이 필요합니다. 아동은 견해를 표현할 권리가 있으며, 영아에게 '울음'은 그 권리를 주장하는 강력한 수단입니다.

우리는 '울음'을 통해서 그 순간 아동에게 충족되지 못한 어떤 것이 있음을 미루어 짐작할 수 있습니다. 하지만 때로는 아동들이 전달하고자 하는 메시지를 정확하게 읽지 못하기도 합니다. 그래서 울음의 원인을 추측해서 그에 맞는 반응을 해 주었는데도 똑같은 행동이 계속될 때는 (예를 들어 배가 고픈 것 같아서 밥을 먹여 주었는데 여전히 계속 울기만 한다면) 다른 불편이나 불만이 있지 않은지 생각해 보아야 합니다.

'울음'의 이유를 '배고픔' 하나로만 규정짓게 되면, 권리 존중의 방법을 내 식대로 정하는 편견에 빠지기 쉽습니다. 너무 당연하다고 여기는 것, 아동을 위해 가장 확실하고 좋다고 생각하는 것을 실천할 때도 '어쩌면 다른 이유 때문은 아닐까? 혹시 내가 놓친 것은 없을까? 또 다른 방법을 적용해 보면 어떨까?' 하고 계속 스스로에게 되물어야 합니다.

혹시 아이가 왜 우는지 금방 알아차리지 못하더라도 아이를 비난하지 않고 그 자리를 떠나지 않는 것만으로도 당신은 좋은 부모가 되기 위해 충분히 노력하는 중입니다. 때로는 아이가 울고 떼쓸 때 자기 자신도 왜 그런 행동을 하는지 모를 때가 있습니다. 무조건 울음을 그치게 하는 데 집중하기보다 존중의 태도로 기다려 주는 것이 필요합니다. 양육자의 마음가짐과 태도는 아이에게 천천히 도달되기도 하기 때문입니다.

기저귀 떼는 것이
어려워요

👤 느림보가 답답한 제니 맘

우리 집 느림보 때문에 속이 터져요. 먹을 때
도 꼴찌, 걸음마도 꼴찌, 기저귀 떼기도 꼴찌.

👤 거북이를 키워 본 현 강사

느릿느릿 '순둥순둥' 귀여웠겠어요. 하지만
좀 답답하긴 하죠.

👤 느림보가 답답한 제니 맘

내년에 복직하기 전에 기저귀를 못 떼면 정말
큰일이에요.

👤 거북이를 키워 본 현 강사

걱정되지만 아이의 속도에 맞춰야지 어른의
사정에 맞추기는 힘들어요.

31개월 제니 엄마예요. 내년 3월이면 육아 휴직이 끝나 복직을 앞두고 있는데 걱정이 태산이랍니다. 이제 어린이집도 보내야 하는데 제니는 아직 기저귀를 못 뗐기 때문이에요. 달래도 보고 혼내도 보고 시간 맞춰 변기에 앉혀 보기도 했지만 기저귀를 빼기만 하면 울고불고합니다. 이제는 한술 더 떠서 응가가 마려우면 아무도 없는 곳에 가서 숨어서 볼일을 봐요. 제가 근처에만 가도 울면서 오지 말라고 소리를 빽 지르고요. 산후 조리원 친구들의 아기들은 진작에 기저귀를 떼고 생활하고 있어요. 안 그래도 느린 애가 어린이집에서 실수하면 선생님들이 얼마나 싫어하겠어요. 어린이집에서도 세 살 반에서 기저귀 떼기를 다 끝낸다는데 제니만 기저귀를 차고 다니면 친구들이 '아기'라고 놀릴까 봐 걱정됩니다.

✹ 사례의 재발견

31개월 제니는 태어나면서부터 조금 느린 편이었습니다. 산후 조리원 동기 모임에서 보면 다른 아기들보다 걸음마도 늦고, 모유 수유도 제일 오랫동안 했어요. 상대적으로 느린 제니를 보며 초조할 때도 있지만 느긋한 순둥이 같아서 참 이쁘고 사랑스럽습니다.

이제 어린이집에 보낼 준비를 해야 하는데 제니가 아직 기저귀를 못 떼어서 걱정돼요. 처음에는 기저귀 떼는 것 빼고는 잘 먹고, 잘 자고, 잘 놀아서 별걱정이 없었어요. 기저귀를 강압적으로 떼면 안 된다는 이야기를 들은 것 같고, 복직까지 어느 정도 시간 여유가 있어서 그 안에만 하면 된다고 생각했어요. '언젠가 하겠지. 조금만 기다리자.' 하면서 맘 편히 지내다 보니 어느덧 육아 휴직 기간이 다 끝나 갑니다. 변기와 친해지면 좋다고 해서 귀여운 오리 변기도 준비하고, 변기에 앉아서 소변을 보길래 칭찬도 해 주었는데 왜 잘 안 되는 걸까요? 사실 첫째 때는 워킹 맘이어서, 저는 일하느라 어머님이 키워 주셨기 때문에 어느 날 보니 아이가 팬티를 입고 있었어요. 어떻게 기저귀를 뗐는지 하나도 기억이 안 납니다.

무슨 일인지 제니는 갑작스럽게 스트레스를 받은 눈치예요. 혹시 어린이집 갈 때까지 못 떼면 어쩌나 하는 불안한 제 마음이 느껴졌을까요? 이유는 잘 모르겠지만 갑자기 변기에 앉으려고도 안 하고 기저귀를 벗다가도 다시 입혀 달라 하면서 응가를 합니다. 최근에는 구석에 가서 힘을 주면서 응가를 하기도 합니다. 제가 가까이 가면 오지 말라고 소리도 지르고요. 어른들이 볼일을 볼 때 누가 보면 싫어하는 것처럼 제니도 수치심을 느끼는 것 같았습니다.

오늘은 제니를 재우고 조용히 생각해 보았습니다. '이렇게 늦어도 괜찮을까? 내가 너무 늦게 시작했나? 어린이집에 가면 얼마나 부끄러울까? 이게 정상일까?' 생각하다가 스스로 깜짝 놀랐습니다. '정상'이라는 기준이 뭘까? 친구들이 이미 배변 훈련을 마쳤다고 해서 강요하는 것이 정상일까? 우리 애가 아직 기저귀를 찬다고 어린이집에 말하는 것이 부끄러워할 일인가? 나도 모르게 아이의 시간표를 무시하고, 생물학적인 월령에 집착하면서 압박을 가하고 있었나 봅니다.

기저귀를 못 뗐다고 아이를 싫어하고 부당하게 대하는 선생님을 만날까 봐 괜한 걱정을 할 필요는 없겠죠? 선생님께는 제니가 어떤 기질의 아이인지, 집에서 어떤 순서로 배변 훈련을 했는지 말씀드리고 갈아입히기 쉬운 여벌 옷을 넉넉히 보내 드려야겠어요. 엄마의 불안이 고스란히 제니에게 부담으로 작용했을 텐데 트라우마라도 생기면 큰일이니 내일은 제니의 마음을 다독여 주고, 스트레스를 받지 않도록 다시 즐겁게 배변 놀이에 도전해야겠습니다.

⧗ 아동 인권 한 스푼

기저귀는 아이들뿐만 아니라 노인이나 중증 장애인, 의식이 없는 환자들에게도 없어서는 안 될 필수 생활용품입니다. 눈이 나쁘면 안경을 쓰고, 다리가 불편하면 휠체어를 타고, 계단을 오르내리기 어려우면 엘리베이터를 이용하듯이 대소변을 가리기 어려운 사람이 기저귀를 사용하는 것은 당연한 일입니다. 기저귀를 차는 것은 부끄러운 일이 아니라 필요에 의한 것이라는 인식의 전환이 필요합니다.

어른의 시각에서 바라보면 기저귀에 대소변을 보는 것이 굉장히 불편하고 지저분한 느낌일 것 같지만 아이들은 기저귀가 오히려 편안하기도 하답니다. 그것이 아직은 더 익숙한 방법이기 때문이죠. 누구나 그런 시기가 분명히 있었습니다. 아이들은 발달 특성상 기저귀를 활용해 배설물을 처리하다가, 적절한 시기가 되면 기저귀를 뗍니다. 그것이 여러모로 편리하고 좋기 때문입니다. 즉, 자신의 필요와 욕구에 따라서 준비가 되면 그렇게 할 능력을 갖추고 있습니다. 단지 능력을 발휘하는 시기가 아동마다 다를 수 있다는 것만 인정하면 조금은 여유를 가질 수 있게 됩니다.

느린 기질의 아동은 흔히 '거북이'에 비유되곤 합니다. 거북이가 느릿느릿 이동하는 것은 당연한 일인데 뛰라고 강요할 수는 없죠. 하지만 물속에서 헤엄칠 때 거북이는 엄청나게 빠르고 강합니다. 내 아이만의 강점을 잘 찾아내는 것이 필요합니다. 아동은 잠재력을 발휘할 수 있는 발달권을 가진 존재이고, 이를 돕는 것이 양육자의 역할입니다.

또 느린 기질의 아동은 용량이 가득해서 부팅이 느린 컴퓨터와도 같습니다. 부팅 속도를 높이려면 윈도우가 업데이트 중인지, 프로그램이 충돌하고 있지는 않은지, 바이러스에 감염된 것은 아닌지 살피고 쓸데없는 프로그램을 삭제해야 합니다. 즉 현재 아동이 무언가를 이해하고 받아들이는 과정에 있는지, 고려해야 할 것이 너무 많은 건 아닌지, 어떤 특별한 이슈가 있는지 살펴보고 좋은 선택을 할 수 있도록 돕는 것이 필요합니다.

아이가 느릴 때, 초조하고 답답한 마음은 어디에서 오는 것일까요? 아동보다는 사회의 평균 속도에 맞추려는 조급함일 수 있습니다. 그저 다른 아이와 비교해서 느린 것뿐이라면, 아이는 자신만의 속도대로 잘 성장하는 중일 것입니다.

우리 아이는
과일 포비아

과일이 좋은 가인 맘

선생님들은 싫어하는 과일 있어요? 나는 과일만 먹고 살면 좋겠는데…….

미뢰가 발달한 명 강사

저는 파인애플을 먹으면 혀가 따끔거려요.

과일 마니아봇 강사

세상에, 안타까워라. 전 과일이라면 다 좋아요.

입맛이 까다로운 손 강사

전 어려서 참외 씨앗이 돌멩이라며 안 먹었어요. 지금은 없어서 못 먹지요.

과일이 좋은 가인 맘

우리 아이는 너무 유별나요. 과일 냄새만 맡아도 웩웩거려요. 어제도 억지로 먹이다가 손 찌검할 뻔했어요.

네 살 가인이는 편식이 심해요. 누구나 잘 먹는 사과, 딸기, 포도도 다 싫다고 하고, 귤 한 쪽이라도 먹이려면 한참 걸려요. 이유식 할 때부터 과일즙을 먹이면 혀로 밀어내며 아주 싫어했어요. 저는 유난히 입 짧은 가인이 때문에 스트레스를 많이 받아요. 과일이라도 먹여 보려고 안 해 본 것이 없어요. 과일 샐러드, 과일 샌드위치, 과일 주스도 만들어 보았지만 먹다가 토하거나 뱉어 내는 일이 허다합니다. 살다 살다 이런 애는 처음 봅니다. 과일이 왜 싫을까요? 맵기를 해요? 씹기가 어려워요? 전 너무 힘들어요.

그런데 오늘은 어린이집에서 배를 조금 먹었다고 선생님이 칭찬해 주셨어요. 그래서 희망을 갖고 집에서 오렌지를 먹이려고 하는데 입을 안 벌리고 손으로 막는 거예요. 어찌나 신경질이 나던지……. 몇 번은 좋게 이야기를 했는데 결국엔 목덜미를 붙잡고 강제로 먹였고, 가인이는 게워 내고 말았어요. 가인이는 언제쯤 과일을 잘 먹게 될까요? 토해도 자꾸 먹다 보면 언젠가는 잘 먹을 수 있지 않을까요?

✿ 사례의 재발견

우리 집 가인이는 편식이 심한 편이에요. 밥도 흰밥만 먹고 잡곡밥은 입에도 안 대요. 감자랑 두부는 잘 먹는데 계란 프라이는 소금을 살짝 뿌린 것만 먹어요. 이유식 때부터 과일즙을 싫어하더니 역시나 과일을 안 좋아하네요. 샐러드에 섞어도, 샌드위치 속에 숨겨도 귀신같이 찾아내고 어떤 때는 토하기도 해요.

단것, 신 것, 매운 것을 다 안 좋아하는 걸 보니 자극적인 맛에 민감한가 봅니다. 부모로서 신선하고 맛있는 과일을 많이 먹이고 싶지만 가인이가 타고난 특성과 맞지 않으니 대체할 수 있는 것을 찾아봐야겠어요.

오늘은 어린이집에서 배를 조금 먹었다고 해서 기분이 좋습니다. 커 가면서 다양한 음식 맛을 접하다 보면 입맛도 달라질 수 있겠죠? 저도 어려서 양파를 안 먹었는데 지금은 정말 좋아하거든요. 아직은 낯선 것이 많은 시기니까 꼭 먹지 않더라도 과일을 굴리고, 자르고, 냄새 맡아 보게 하면 도움이 되겠죠? 오늘은 으깨고 즙 내는 놀이라도 해 봐야겠어요.

⧗ 아동 인권 한 스푼

사람들은 성인이 특정 음식을 먹지 않을 때는 기호의 문제라고 생각하면서 아동이 특정 음식을 먹지 않는 것에는 유난히 민감하게 반응합니다. 주는 대로 잘 먹지 않는 데 대한 답답함과 잘 성장하지 못할까 봐 염려하는 마음 때문이겠죠. 그러나 영양상의 불균형을 초래할 만한 '문제 있는 편식'은 생각보다 많지 않습니다. 성장에 필요한 단백질을 섭취해야 하는데 고기, 생선, 콩, 두부를 모두 먹지 않는다면 문제 있는 편식이 맞습니다. 하지만 소고기와 생선은 먹으면서 돼지고기와 콩을 먹지 않는 것은 영양상 문제가 되지 않는 편식입니다. 음식에 대한 기호는 감각적인 특성이나 특정 음식에 대한 경험에서 비롯됩니다. 욕심을 부리고 많이 먹다 체하는 바람에 다시는 먹기 싫은 음식도 있지만, 어려서 먹지 않던 동치미나 콩국수의 참맛을 뒤늦게 발견할 때도 있습니다. 언젠가는 건강을 생각해서 쓰디쓴 홍삼이나 한약을 챙기게 될지도 모르고, 소화력이 떨어져서 부드러운 음식만 찾을 때도 생길 것입니다. 아동에게도 그 많은 시간이 필요합니다. 식습관은 어른이 되기 전 완성해야 할 과업이 아니라 평생을 통해 만들어지는 것이기 때문입니다.

좋은 음식, 싫은 음식을 주장하는 것도 개인의 권리로 받아들이는 인식이 필요합니다. 누군가에게는 과일을 좋아하는 것이 자연스러운 일이더라도 먹는 일에 관심이 적거나 식습관이 몸에 배지 않은 아동들에게 당연한 것은 없습니다. 몸에 좋은 음식이니 일단 먹이고 보자는 것은 아동이 자신의 선호를 표현할 기회를 차단하는 것입니다. 아동을 위해 음식을 즐겁게 권하고, 조리법을 바꿔 보고, 배고플 때 조금이라도 맛볼 기회를 주는 것이 부모의 역할이라면, 먹거나 안 먹는 것을 선택하는 것은 아동의 권리입니다.

가인이가 어린이집에서 먹은 과일은 배였고, 어머니가 억지로 먹이려다가 실패한 과일은 오렌지였습니다. 맛도 향기도 식감도 전혀 다른 두 가지를 '과일'이라는 같은 범주에 있다는 이유로 똑같이 먹기를 바란 것도 어쩌면 어른의 시각이 아닐까요? 먹이고 싶은 부모의 마음이 아동의 권리를 압도하게 되면 나도 모르게 식사의 주도권을 빼앗게 되므로 주의가 필요합니다.

언제까지
엄마 '껌딱지' 할래?

👤 엄마 '껌딱지' 로아맘

> 우리 아이는 엄마 없이는 아무 곳도 안 가려
> 고 해요. 어린이집도 태권도 학원도 몇 달씩
> 울어서 고생했어요.

👤 지금도 엄마가 좋은 현 강사

> 낯선 곳이라 불안했겠죠. 지금은 그때보다 자
> 랐으니 괜찮을 거예요.

👤 엄마 '껌딱지' 로아맘

> 애가 성격이 까칠해서 새로운 건 다 싫어해
> 요. 옷도 늘 입던 것만 입으려고 하고 학교도
> 엄마랑 안 가면 안 다니겠대요.

👤 지금도 엄마가 좋은 현 강사

> 당연한 얘기 같지만 분명히 엄마와 안 떨어지
> 고 싶은 이유가 있을 거예요.

일곱 살 로아는 엄마랑 같이하지 않으면 미술 학원도 태권도 학원도 가고 싶지 않다고 합니다. 어린이집은 거의 내내 울면서 다녔어요. 그때는 어려서 그런가 보다 했는데 유치원에 입학할 때도 두 달 동안 매일 울어서 엄청 애먹었어요. 작년에는 문화 센터에 종이접기 수업을 등록했는데 결국 제가 보조 교사로 들어갔어요. 선생님도 적응할 때까지 처음 한두 번은 괜찮다고 했는데 나중에는 아이가 너무 스트레스를 받는 것 같아서 포기했어요. 올해도 미술 학원 체험 수업을 갔다가 엄마랑 같이하는 게 아니면 안 하겠다고 울어서 체험 활동도 못 하고 그냥 왔어요.

내년에 초등학교에 가서 잘 적응할지 고민입니다. 매일 밤 자기 전에 "학교는 절대 엄마랑 못 간다. 혼자 다녀야 한다."라고 말해 주는데 벌써 엄마랑 같이 안 가면 학교 안 갈 거라고 난리예요. 아, 저래서 학교 가서 어쩌려나 싶어요. 새로운 환경을 낯설어하고 적응을 잘 못하는 우리 로아, 어떻게 해야 할까요?

✸ 사례의 재발견

우리 로아는 완전 엄마 '껌딱지'예요. 생각해 보면 아주 어릴 때부터 그랬어요. 로아가 아기일 때는 순하다고 생각했는데 출산 휴가 끝나고 이모님을 구해서 맡겼을 때 울다가 넘어가는 것을 보고 깜짝 놀란 적이 있었죠. 그 이모님이 워낙 베테랑이어서 그때는 빨리 적응했는데 사정이 있어 그만두시면서 두세 달 간격으로 계속 이모님이 바뀌었어요. 첫 이모님만 빼고 다른 분들은 한결같이 로아가 '까칠한' 아이라 손이 많이 가고 힘들다고 하셨어요. 낮잠도 잘 안 자려 들고, 깨어나면 칭얼거리고 혼자서 잘 안 논다고요. 옷도 늘 입던 것만 입으려고 하고, 별것도 아닌 일로 자꾸 운대요. 저도 주말에 같이 있어 보면 착 달라붙어서 안 떨어지려고 해서 여간 힘든 게 아니었어요.

지금은 동생이 태어나 일을 쉬고 있어서 로아와 더 많은 시간을 보내고 있는데도 로아는 저와 헤어지는 것을 힘들어합니다. 마음속에 언제 또 엄마가 직장에 나갈지 모른다는 두려움이 있는 것 같아요. "학교 가서 어쩌려고 그러니?"라는 소리가 저절로 올라오다가도 아기 때부터 돌봐 주는 분이 자주 바뀌어서 그런가 싶어 미안함이 더 큽니다. 지금이라도 열심히 마음의 구멍을 메우려고 하는데 쉽지 않네요. 그래도 어린이집은 다니는 내내 많이 울었는데, 유치원 입학 때는 한두 달 울고 결국 잘 적응해서 신나게 다니고 있어요. 미술도 태권도도 처음에는 많이 힘들어했지만 조금씩 적응 속도가 빨라지는 것 같아 다행이라고 생각합니다.

요즘은 학교 입학을 앞두고 다시 불안이 발동되기 시작했나 봐요. 누군가가 학교 가면 쉬는 시간도 적고, 무서운 선생님이 걸리면 끝장이라고 했대요. 어디서 들은 정보인지 몰라도 마음 약한 로아를 흔들어 놓기엔 충분했습니다. 밤마다 엄마랑 학교를 같이 다닌다고 다짐해요. 예전 일들을 생각하면 조금 걱정되지만, 혹시 시작되더라도 짧게 지나갈 거라고 믿을 수밖에요.

사실 저도 처음 직장에 나갈 때 며칠 동안 가시방석 같았어요. 제아무리 유명한 에펠탑이라도, 저보고 혼자 파리에 가라고 하면 자신 없어요. 로아의 불안을 있는 그대로 받아 주어야겠습니다. 책가방이나 필통 준비뿐만 아니라 진짜 마음의 준비가 필요하니까요.

"로아야, 엄마랑 학교 옆 공원으로 산책 가 볼까?"
"와, 여기 학교 담장에 예쁜 꽃이 피었네."

엄마의 걱정을 잔뜩 쏟아부어 봐야 학교 가고 싶은 생각이 생길 리 없겠죠? 절대 티 내지 말고 들키지 말아야겠어요. 학교에서 무엇을 하는지 조금씩 알려 주고, 자신감을 가질 수 있도록 도와주려고 합니다. 그런다고 다 해결되지는 않겠지만 긴장을 낮추어 주면 적응도 빨라질 거라고 믿습니다. 로아에게 학교가 편하고 즐거운 곳이 되면 좋겠어요.

"오! 우리 로아가 집중을 잘하네. 학교 가서도 충분히 잘하겠는걸?"

"혼자 할 수 있는 일이 많이 늘었구나. 엄마도 뿌듯하네."

"재밌는 생각이구나. 친구들이 좋아하겠다. 학교 가면 친구가 많이 생기겠는걸?"

⏳ 아동 인권 한 스푼

아동에게는 타고난 기질이 있습니다. 그 기질에 그동안의 생활 경험과 교육, 주변 사람들의 영향이 더해져 성격이 되고, 사회적 태도를 배우게 됩니다. 어떤 자극이나 요구에 반응하는 행동이 각자 다른 이유도 기질과 성격으로부터 비롯된다고 할 수 있습니다. 그러나 어떤 부모와 양육자를 만나, 얼마나 애착을 잘 형성하느냐에 따라 자신의 기질과 강점을 살려 순탄하게 지내기도 하고, 반대로 아슬아슬 줄타기하며 부적응 상태에 놓이기도 합니다.

애착도 인권의 영역일까요? 그렇습니다. 애착은 아동이 세상을 바라보는 틀을 제공해 주며, 아동기뿐만 아니라 성인기까지 지속적인 영향을 줍니다. 사람은 가진 자와 안 가진 자를 구별하지 않고 모두 태어나면서 기본적인 권리를 가집니다. 영유아의 인권 존중은 안정 애착에서 시작됩니다. 아동에게는 안전한 보호와 함께 좋은 애착 관계가 필요하고, 건강한 사랑을 충분히 지속해서 받는 것이 권리가 됩니다.

양육자와 충분한 애착을 형성한 아동은 성장하면서 조금씩 독립해 갑니다. 실패와 좌절을 경험하면서 불안을 달래고 다시 도전할 힘을 기르기 위해서는 '부모'라는 이름의 안전 기지가 필요합니다. 가족 구조에 따라 그 이름은 달라질 수 있지만 믿을 수 있는 어른의 역할이 중요하죠. 크고 작은 어려움에 부딪힐 때마다 그 안전 기지에 돌아와서 에너지를 충전하고 자신의 정체성을 다시 확인하며 세상을 향해 나아가야 합니다.

새로운 기관이나 환경에 적응할 때 불안이 높은 아동은 어쩌면 우리가 인식하지 못하는 어떤 경험들로 충전 속도가 느릴 수 있습니다. 아동이 부모와 떨어지지 않으려고 할 때 그 요구를 무시하거나 거절하는 것, 밀어내고 재촉하는 것은 아동 고유의 속도에 역행하는 것입니다. 부모는 억지로 원하는 바를 성취할 수도 있겠지만 퇴행이나 다른 형태의 부적응이 돌아올 수 있습니다. 초등학교 입학을 겁내는 아이라면 미리 학교를 구경하러 가거나 운동장에서 놀면서 학교를 편하게 느끼고 즐겁게 기대하도록 도와주세요. 그리고 자신에게 앞으로 일어나게 될 일에 대비할 힘이 있다는 것을 깨닫게 해 주어야 합니다.

남의 물건을
자꾸 가져와요

여섯 살 제훈이 엄마의 이야기

👤 소도둑을 싫어하는 제훈 맘

아들이 유치원 놀잇감을 가방에 넣어 왔어요.

👤 배물 권리를 존중하는 현 강사

진짜 갖고 싶었나 보네요. 어떤 점에 끌린 걸까요?

👤 소도둑을 싫어하는 제훈 맘

바늘 도둑이 소도둑 된다는데 커서 뭐가 되려나 모르겠어요. 따끔하게 혼내 줬는데 또 가져와요.

👤 배물 권리를 존중하는 현 강사

왜 그랬는지 이유 먼저 들어 봐야죠. 경계를 배우는 계기가 될 수도 있어요.

여섯 살 제훈이가 유치원 놀잇감을 몰래 가방에 넣어 옵니다. 처음에는 아이가 모르고 넣어 왔나 했는데 좀 지켜보니 일부러 넣어 가지고 오더라고요. 몇 번 좋게 타일렀습니다. "유치원 물건을 선생님께 말씀드리지도 않고 가져오면 안 돼. 다른 친구들이 놀고 싶을 때 없으면 얼마나 불편하겠니?" 하고 다시 가져다 놓게 했지요.

그런데 아무리 해도 고쳐지지 않는 거예요. 바늘 도둑이 소도둑 된다는데 애가 커서 뭐가 되려나 싶기도 하고 이러다가 큰일 나겠다 싶었어요. 나중에 친구 집에 놀러 가거나 마트에 갔다가 물건을 훔쳐 오기라도 하면 어떡해요? 유치원 선생님도 모르고 계시는 것 같아서 전화로 아이들 집에 갈 때 가방 검사 좀 해 보시고, 물건을 훔치면 따끔히 혼내 달라고 부탁도 드렸어요. 그런데도 며칠 있다 또 가져오는 거예요. 큰소리로 꾸짖었지만 잘못했다고 빌고는 그때뿐입니다. 이제는 네가 훔쳤냐고 하면 자기는 절대 안 그랬다고 거짓말까지 합니다. 오늘은 너무 화가 나서 자꾸 그러면 경찰서에 신고한다고 소리쳤더니 안 된다고 살려 달라고 펄쩍 뛰어서 저도 놀랐어요.

🌸 사례의 재발견

오늘은 제훈이 가방에서 못 보던 장난감이 나왔습니다. 이 게 뭐냐고 제훈이에게 물어보니 놀라지도 않고 태연하게 쌓기놀이 장난감이라고 하길래 정리하다가 잘못 넣었나 싶었어요. 그런데 며칠 동안 계속 미니 카도 가져오고 팽이도 가져오길래 한 번은 꼭 짚고 넘어가야겠다는 생각이 들었어요. 속으로는 무언가가 부글부글 끓어오르는 느낌이었지만 과하게 혼내게 될까봐 잠깐 화를 가라앉히고 싶었습니다.

마침 친정 엄마에게 전화가 와서 이야기했더니 따끔하게 혼을 내야 다시는 안 그런다고 하면서 저도 어려서 엄마 지갑에 손을 댄 적이 있었는데 한 대 맞더니 다시는 안 그랬다고 하셨어요. '아, 나도 그런 적이 있었는데 지금 이렇게 잘살고 있구나.' 하는 생각이 들었어요. 아이를 키우는 게 만만한 일이 아니라는 걸 다시 한번 깨닫게 됩니다.

제훈이는 지금 남의 물건을 함부로 가져오면 안 된다는 것을 알아 가는 중일 거예요. 하지만 이것이 왜 안 되는지, 다시 가져다 놓을 건데 뭐가 문제인지까지는 이해하기 어렵겠죠? 이 일로 너무 큰 수치심이 들게 하거나 발생하지도 않은 앞으로의 일에 대한 걱정까지 합쳐서 아이를 혼내고 싶지는 않았어요. 그 물건이 왜 필요했는지, 친구들이랑 그것으로 어떤 놀이를 했는지 이야기를 들어 보고 대체할 만한 놀잇감을 찾아보기로 했습니다.

> "멋진 미니 카구나. 집에서 더 갖고 놀고 싶었나 보네."
> "친구들이랑 그걸로 뭐 하면서 놀았니? 그거 대신 갖고 놀 만한 게 있는지 찾아볼까?"
> "유치원 놀잇감은 유치원에서만 사용하기로 약속한 거니 집에 가져오면 안 되는 거야."
> "선생님께 살짝 말씀드리고 내일 제자리에 가져다 놓자."

더 갖고 놀고 싶었냐는 말에 눈치를 보면서도 끄덕끄덕하는 걸 보니 가져와서는 안 된다는 것을 알고 있었던 모양입니다. 그런 아이에게 큰소리로 야단쳐 봐야 자신을 정말 나쁜 아이라고 생각하겠구나 싶어서 다음부터는 그러지 말자고 꼭 안아 주었더니 세상에서 엄마가 제일 좋다며 '부비부비'하는 거예요. 그런데 장난감들이 자꾸 우리 집에 오고 싶어 한대요, 글쎄. '아직 마음의 준비는 안 되었구나.' 싶었습니다.

지금은 감정을 확실하게 절제할 수 있는 나이가 아니니 유치원 선생님께 도움을 청하기로 했습니다. 선생님은 놀잇감을 어떤 상황에서 어떤 시간에 넣는지 관찰해 본다고 하셨고, 이 연령대에 자주 일어나는 일이라고 걱정하지 말라고 오히려 위로

해 주셨습니다. 그리고 슬슬 내 것과 남의 것을 명확히 구분하는 것을 배워야 하니 꼭 갖고 싶을 때는 빌려 달라고 말하도록 가르치는 게 좋다고 하셨어요.

이번 주에는 친구 집에 데려가서 마음에 드는 장난감을 빌려 오고 되돌려 주는 연습을 해 보려고 합니다. 친구에게 자기 장난감을 빌려주고 돌려받는 경험도 도움이 될 것 같아요. 남편에게 말했더니 이참에 도서관에서 책 대여하는 것도 해 보라고 합니다. 아이를 위해 큰 그림을 그릴 줄 아는 우리 부부, 괜찮은 부모 맞는 거죠?

⧖ 아동 인권 한 스푼

아동에게 스스로 보호하고 지키는 방법을 설명할 때, 우리는 안전을 위한 경계를 가르치는 것입니다. 경계는 삶에 꼭 필요한 것으로서 내가 다른 사람과의 관계에서 안전하게 허용할 수 있는 범위와 한계를 말합니다. 신체적인 경계뿐만 아니라 소유물이나 공간 같은 물리적인 경계, 감정적인 경계도 있습니다. 아동은 눈에 보이지는 않지만, 누구나 존중받아야 하는 영역이 있다는 것을 배워야 합니다.

경계를 존중한다는 것은 자신의 경계를 인식하는 것과 더불어 타인의 경계를 존중하고 배려하는 것을 포함합니다. 남의 물건을 허락 없이 가져오는 것은 상대방의 경계를 넘어서는 행동이므로 반드시 동의를 구하고 가져와야 한다는 점을 가르쳐야 합니다. 이때 자신이 한 행동보다 과도하게 혼나게 되면 수치심이나 죄책감으로 정서적 상처를 받게 되므로 주의해야 합니다. 오히려 "정말 갖고 싶었구나."라며 아이의 마음을 이해한다는 것을 표현해야 아이도 안심하고 그다음 말을 들을 준비를 하게 됩니다. 그 후에 단호하게 안 되는 행동을 알려 주되, 행동에는 책임이 따른다는 것도 가르쳐 주세요. 어리다고 가볍게 넘어가거나 너무 다그치면서 수치심을 주는 것보다는 제자리에 갖다 두고 사과하도록 가르치는 것이 진짜 해결입니다.

"허락 없이 물건을 가져와서는 안 돼."
"물어보지 않고 가져와서 미안하다고 사과하고 물건은 돌려 주도록 하자."

대학 입시를 둘러싼 치열한 경쟁을 그려 이슈가 되었던 드라마가 있었습니다. 드라마 속에서 한 아이는 장난처럼 편의점에서 과자를 훔치는 행동을 계속합니다. 모른 척하는 편의점 주인은 학생들의 잘못을 덮어 주는 사람인 줄 알았는데 알고 보니 아이 엄마에게 돈을 챙겨 받고 있었습니다. 아이 엄마는 아이가 빡빡한 학원 일정으로 쌓인 스트레스를 해소하도록 내버려 둔 것입니다. 그러나 아이는 이 사실을 알고 절망에 빠져 웁니다.

"우리 엄마는 내가 왜 도둑질을 했는지에 관심이 없어요.

내가 도둑질한 거 덮기만 하면 땡이에요."

아동의 행동이 바뀌기를 바라고 이런저런 방법을 써 보기도 하지만, 알고 보면 부모가 바뀌어야 할 때도 있습니다. 모든 문제의 주체를 아동으로 바라보면 아동은 늘 가르침의 대상으로 전락하고 맙니다. 부모나 교사의 가르칠 권리는 아동의 배울 권리로부터 비롯됩니다. 그래서 가르칠 때는 배울 권리를 가진 아동에 대한 최소한의 존중이 필요합니다. 그것은 아동이 자신에게 맞는 좋은 방식으로 경험하고 배울 수 있도록 감정에 공감해 주고, 이유를 들어 주고, 갈등을 올바르게 해결하는 과정을 보여 주는 것입니다. 그래야 가르침이 방향을 잃지 않고 갈 수 있습니다.

엄마를
지켜야 하는 아이

일곱 살 지은이 엄마의 이야기

엄마랑 떨어지기 싫은 지은이

선생님, 유치원은 꼭 다녀야 해요? 유치원에 갔다 와서 엄마가 없으면 큰일 나잖아요.

마음을 알아차린 명 강사

유치원이 싫은 게 아니라 엄마가 사라질까 봐 걱정되는 거니?

엄마랑 떨어지기 싫은 지은이

엄마가 나갔다가 다시 오지 않을 수도 있고 나 없는 동안에 무슨 일이 생길지도 모르잖 아요. 엄마는 내가 지켜 주어야 해요.

마음을 알아차린 명 강사

엄마가 힘들까 봐 걱정되나 보네. 엄마도 네 가 걱정하는 걸 알고 계시니?

우리 집은 부부 싸움을 자주 합니다. 남편이 주식에 손댔다가 망한 후 일정한 직업 없이 아르바이트를 전전하고 있고, 저도 생활비를 벌기 위해서 직장을 다니고 있는데 생활은 늘 제자리입니다. 아이도 어린데 참아야지 싶다가도 남편 얼굴만 보면 속이 부글부글 끓어오릅니다. 요즘은 걸핏하면 큰소리가 오가고, 엊그제는 급기야 넘지 말아야 할 선을 넘었어요.

이 사람이 술을 먹고 왔길래 잔소리를 좀 했더니 컵을 집어 던져서 큰일 날 뻔했어요. 참을 수가 없었어요. 날 죽이라고, 뭐가 무서워서 컵만 깨냐고 소리를 질렀더니 남편도 놀랐는지 아무 말도 안 하고 방에 들어갔어요. 그러고 나서 지은이랑 눈이 마주쳤는데 애가 소리도 못 내고 입을 막고 눈물만 흘리고 있더군요.

안 그래도 정신 사나운데 요즘 지은이가 계속 유치원에 안 가겠다고 해요. 아침마다 이유도 다양해요. 하루는 선생님이 무섭다고 그러더니 어떤 날은 친구가 안 놀아 준다고 하고, 친구가 너무 귀찮게 굴어서 싫다고도 하고, 밥을 먹기 싫다고 하고……. 유치원에 전화해 보면 기운이 없이 멍하게 있을 때도 있고 또래보다 조금 어린 행동을 한다고 합니다. 이대로 두어도 괜찮은 걸까요?

🌸 사례의 재발견

일곱 살 지은이는 속이 깊은 아이랍니다. 아빠가 일하고 집에 들어오면 밥은 먹었는지 물어보고 물도 떠다 주고 안마도 해 줍니다. 주말에 제가 쉬고 있으면 옆에서 조용히 그림을 그리거나 TV를 보면서 방해하지 않으려고 합니다. 어릴 때부터 부모가 힘들어하고 싸우는 모습을 많이 봐서 그런가 싶어 미안할 때가 있습니다.

지나치게 어른스럽게 구는 지은이가 안타까웠습니다. 이제 일곱 살인데 왜 저 어린애가 부모의 눈치를 보고 어른을 챙기면서 살아야 하나 싶기도 했고요. 사실 속으로는 얼마나 힘들고 속상할까요? 제가 직접 강요한 적은 없지만 그렇게 행동하도록 만든 책임이 있는 것 같았습니다. 이대로 가다가는 나중에 엄마 아빠 보살피느라 학교도 못 다니겠다고 할지도 모르겠어요. 유치원에 안 가겠다는 이유 중에 엄마 아빠와의 관계 문제도 있을 수 있겠다 싶어 이야기를 나눠 보기로 했습니다. 그동안은 유치원에 대한 이야기만 나누었는데 오늘은 조금 다르게 접근해 봐야겠어요.

"네가 유치원에 가면 그동안 집에서는 어떤 일이 일어날 것 같니?"

"엄마 아빠가 집에서 기다리지 않을까 봐 걱정되었니?"

"엄마 아빠가 싸워서 정말 속상했겠구나. 그건 네 잘못이 아니란다."

아이들 앞에서 부부 싸움을 하면 안 된다는 이야기는 자주 들었는데 내 문제가 될 줄은 몰랐어요. 자세한 사정까지 이해시킬 수는 없겠지만 최소한 왜 싸우게 되었고, 어떻게 해결되었는지는 알려 주어야겠다는 생각에 이야기를 나누었습니다. 지은이는 엄마 아빠가 소리 지를 때보다 서로 말을 안 할 때 더 무서웠다고 해요. 아빠가 일을 나가면 다시는 돌아오지 않을 것 같고, 자기가 유치원에 갔을 때 둘이 싸우면 아빠가 엄마를 때리거나 엄마가 집을 나갈 것만 같았대요. 그냥 눈물이 계속 나왔습니다. 아이가 극단적인 일을 상상하면서 얼마나 무서웠을까요? 이제부터라도 정신을 차리자고 생각했어요.

밤에 남편에게 지은이가 요즘 왜 유치원에 가지 않고 집에 남아서 엄마 아빠를 지키려고 하는지에 대해 이야기했어요. 그제야 남편도 컵을 던진 것에 대해 사과하고 지은이의 마음을 풀어 주겠다고 약속했습니다. 지은이에게 우리가 어떻게 서로 사과하고 해결했는지, 앞으로 가족으로서 이러저러한 말과 행동은 절대로 하지 않겠다고 약속한 것을 알려 주었어요. 하루아침에 달라질 수는 없겠지만 부모로서 의연한 모습을 더 많이 보여 주면 우리 지은이도 어른의 역할을 내려놓고 좀 더 아이답고 자유롭게 될 거라 믿습니다.

"아빠가 늦게 와서 화가 났던 건데, 아빠한테 나가라고 소리를 지른 건 엄마도 잘못한 거야. 아빠도 엄마한테 물건을 던진 것에 대해서 오늘 사과했단다."
"엄마 아빠가 싸울 때 큰소리쳐서 놀랐지? 미안해."
"때론 뜻이 맞지 않아 다툴 때도 있지만 여전히 우린 가족이고 너를 너무 사랑한단다."

⚡ 아동 인권 한 스푼

사람은 관계 속에서 살아갑니다. 아동이 생활 속에서 가장 많은 관계를 맺는 사람은 가족이며, 가족 관계가 불안하면 성장과 발달에도 막대한 영향을 미칩니다. 아동에게 부모는 따뜻한 지붕이며, 안전한 울타리입니다. 부모의 부정적인 감정이나 갈등을 지켜보게 하는 것은 그 관계에서 오는 불안함을 온전히 떠안게 하는 것으로 정서 학대에 해당합니다.

2022년 개정된 아동복지법 제17조 5항 "아동의 정신 건강 및 발달에 해를 끼치는 정서적 학대 행위"에 "가정 폭력에 아동을 노출시키는 행위로 인한 경우"를 포함하는 조문이 추가되었습니다. 여기서 가정 폭력이란 가정 구성원 사이의 신체적, 정신적 또는 재산상 피해를 가져오는 행위로, 부부가 심하게 다투는 환경에 지속해서 노출시키는 것도 아동 학대로 봅니다. 과거에도 법원에서 자녀가 보는 앞에서 심하게 다투는 것을 정서 학대로 판단한 사례가 있으며, 최근에는 아동에 대한 직접 폭언뿐 아니라 아동이 들을 수 있는 장소에서 이루어진 간접 폭언도 아동 학대가 될 수 있다는 판결이 계속 나오고 있습니다.

부부는 과거에 풀지 못한 두 사람만의 과제나 정서적 경험, 갖가지 문제 상황을 반영한 다툼을 하게 됩니다. 그러나 아동은 그 모든 인과 관계를 이해하기 어렵기 때문에 두 사람이 주고받는 신체적·정서적 공격성에 그대로 노출되기 쉽습니다. 그래서 이유도 잘 모른 채 상처 입고, 자신의 잘못 때문은 아닌지 자책하기도 합니다. 때로는 아동이 화풀이의 대상이 되어 방임에 노출되기도 합니다. 자칫 내가 더 잘하면 다시 행복해질 수 있다거나 내가 부모를 지켜 주어야 한다는 잘못된 믿음을 갖게 되면 지나치게 어른스러운 아이로 '강요된' 변신을 하기도 합니다.

부모와 자녀의 역할이 전도되면 아동은 능력 밖의 책임감을 요구받게 됩니다. 가족으로서 좋은 역할을 하고자 하는 아동의 욕구와 조력을 인정하는 것은 필요합니다. 하지만 너무 일찍 어른의 역할을 강요받은 아이는 '의젓한 아이'로 살아가는 동안 본인이 힘들다는 자각도 하지 못할 수 있습니다. 그러니 부부 싸움에 있어서도 어른들의 문제이니 끼어들지 말라고 하는 것이 아니라, 지금의 상황에 대한 생각과 느낌을 표현할 기회를 자주 주어야 합니다.

부부 관계는 사랑 표현만 할 때보다 갈등 해결을 할 때 더 성장하기도 합니다. 그러나 서로 간의 불일치를 해결하기 위해 다툴 때도 아동을 꼭 기억해야 합니다. 부모는 아동의 양육과 발전에 공동 책임을 지는 사람이기 때문입니다. 부모로서 갈등을 성공적으로 해결하는 모델이 되어 주시기 바랍니다. 부분적으로 해결된 것이라도 꼭 명확한 말과 행동으로 화해했음을 보여 주세요. 그리고 놓친 부분이 있는지 적극적으로 살펴보고 채워 주어야 합니다. 그래야 자녀도 부정적인 감정을 해소하고, 가족 관계에서 좋은 에너지를 충전받게 됩니다.

체벌과
헤어질 결심

👤 협박을 훈육으로 착각하는 동엽 아빠

아이가 너무 말을 안 듣는데 그나마 막대기로 혼낸다고 할 때만 좀 들어요.

👤 말로도 때리지 말라는 현 강사

아이에게는 심한 처사입니다. 직접 때리지 않더라도 학대에 해당돼요.

👤 협박을 훈육으로 착각하는 동엽 아빠

진짜 때리는 건 아니니까 그 정도는 괜찮지 않나요?

👤 말로도 때리지 말라는 현 강사

모르는 사람이 준 상처보다 부모에게 받은 상처가 더 치명적입니다.

우리 동엽이는 세 살입니다. 아내가 직장이 멀어서 제 회사 직장 어린이집에 데리고 다닙니다. 어린이집에 등하원하는 것은 출퇴근할 때 제가 책임지고, 집에서는 아내가 동엽이 저녁을 먹이고 씻기고 재우는 것을 책임지지요. 동엽이가 요즘은 조금 컸다고 자잘한 사건 사고를 일으킵니다. 이제는 말귀도 잘 알아들으니까 제가 말하는 대로 잘 따라 주었으면 좋겠는데, 아이가 유별난 건지 잘 안 되네요. 밥을 먹을 때도 돌아다니면서 먹고, 소파에도 식탁에도 자꾸 높이높이 올라가려고 합니다.

저는 아이를 많이 때리는 아빠는 아니에요. 살짝 엉덩이 맴매를 하는 정도죠. 아내는 아이를 너무 오냐오냐하고 받아 주기만 해요. 그래서 아이는 엄마 얘기는 들은 척도 안 하고 그나마 제가 훈육을 해야 듣는 시늉이라도 합니다. 어쩔 수 없이 나쁜 역할은 다 제 몫이에요. "때찌 때찌! 맴매 맴매!" 그나마 막대기를 들어야 울면서 멈춥니다. 이렇게 육아가 힘들어서야 동생은 무슨 수로 낳을까 싶어요.

아들 형제만 있는 가정에서 자란 저는 부모님 말씀을 잘 따르는 아이였습니다. 아버지가 엄격한 편이라 잘못한 일이 있을 때는 회초리로 따끔하게 때리셨습니다. 어려서는 아버지가 그렇게 원망스러웠는데 저도 부모가 되어 보니 왜 그렇게 때리셨는지 이해가 갑니다. 그때 올바른 길로 인도해 주신 부모님 덕분에 제가 잘 자랐다는 생각이 듭니다. 아내는 때리면 안 된다고 말리지만 아들은 강하게 키우는 게 맞는 것 같아요. 아이를 위해서 이 정도는 꼭 필요하지 않나요?

🏵 사례의 재발견

아이는 배 속에 있을 때가 제일 편하다더니 걸음마를 뗀 이후부터는 제 삶이 어디로 갔는지 모르겠어요. 밥 먹을 때는 돌아다니고, 소파며 책상이며 어떻게 기어 올라가는지 한눈팔 틈이 없어요. 직장이 먼 아내 대신에 제가 회사 어린이집에 데리고 다니면서부터는 하루가 어떻게 지나는지도 모르겠습니다. 아기 때는 엉덩이 맴매도 하고 했는데, 요즘은 '때찌'나 '맴매'라는 말을 하면 눈치를 보고 눈물을 흘리기도 해서 계속 이래도 되나 걱정이 됩니다.

이번 어린이집 상담에는 우리 부부가 같이 가게 되었어요. 아내가 선생님 앞에서 난데없이 제가 아이를 때린다고 험담을 하는 거예요. 아이를 때리면 안 된다고 생각은 하고 있었지만 저도 모르게 저도 맞으며 자랐다고 변명을 하게 되었습니다.

"저도 부모님이 회초리를 드셨지만 지금 이렇게 잘 살잖아요? 심하게 때리는 것도 아닌데 이 정도도 안 되나요?"

"아버님, 그러면 어린이집에서 살짝 맞고 오는 것도 괜찮을까요?"

"절대 안 되죠. 그건 아동 학대 아닌가요?"

웃으며 넘기기는 했지만 위트 있는 선생님 말씀에 머리를 한 대 맞은 것 같았어요. '내가 바로 '내로남불'이었구나. 이 세상에 내 아이를 때려도 되는 사람은 없어!' 절대 안 때리겠다고 말하기는 어렵다고, 도망갈 길을 열어 두는 것도 어쩌면 굳은 결심이 부족해서 아닐까요? 사실 제 아내는 제가 봐도 아이를 과잉 보호하는 것 같을 때가 있어서 제가 그만큼 세게 나가려는 마음도 있었어요. 앞으로는 이런저런 핑계 대지 말고 일단 때리거나 협박하는 것을 안 하기로 다짐해 봅니다.

⌛ 아동 인권 한 스푼

1958년 제정 이후, 단 한 차례도 개정되지 않았던 민법의 915조 징계권 조항이 2021년 1월 8일 삭제되었습니다. 징계권 조항은 그동안 자녀에 대한 부모의 체벌이나 가혹한 훈육을 허용하는 근거로 오인되어 아동 학대로 이어진다고 지적받아 왔습니다. 이제 부모의 자녀에 대한 체벌 금지가 아동 학대 예방을 위한 가장 기본적인 규정입니다(법무부, 2021).

이는 아동이 폭력으로부터 보호받아야 할 권리가 있음을 국가가 확인한 의미 깊은 내용입니다. 세이브더칠드런은 '아동 폭력 근절을 위한 글로벌 파트너십(Global Partnership to End Violence against Children)이 "대한민국은 아동에 대한 체벌을 금지한 62번째 국가가 됐으며, 아시아·태평양 지역에서는 4번째이다. 아동 인구가 900만 명인 대한민국에서의 체벌 금지는 전 세계 3억 명의 아동이 법으로써 폭력적인 체벌로부터 완전히 보호받는다는 것을 의미한다."라고 발표했다고 밝혔습니다.

어떤 이들은 자녀를 때려 사망까지 이르게 하고도 "아이가 잘못하여 훈육 차원에서 때린 것이지 학대한 것이 아니다."
라고 변명하곤 합니다. 이런 말은 그동안 체벌에 관대했던
대한민국의 부끄러운 모습을 보여 줍니다. 성인이 성인을
때리면 폭력으로 인식해 신고하지만, 성인이 아동을 때리면
"아이가 맞을 짓 했나 보네." "오죽하면 때릴까?" "좀 맞아야
정신을 차리지."라는 말로 정당화하곤 합니다.

세상에 맞을 만한 아이는 없습니다. 또 '맞을 짓'이라는 것은
누가 정하는 것일까요? 성인이 잘못하면 아동이 때려도 되
는 걸까요? 왜 우리는 아동을 때려도 된다는 인식을 하는 걸
까요? 체벌은 아동으로 하여금 "너는 맞아도 되는 존재야.
너는 소중하지 않은 사람이야. 생각하지 말고, 시키는 대로
해라. 성장하지 마라."라고 말하는 것과 같으며, 무서운 인
식을 심어 주는 것입니다. 이제는 체벌이 훈육의 수단이라는
인식과 '헤어질 결심'이 필요합니다.

체벌과 헤어져야 하는 이유

체벌은 인간의 존엄을 해칩니다.
체벌은 힘에 굴복하는 것을 배우게 합니다.

체벌은 반성보다 원망을 낳습니다.

체벌은 공격성을 향상시킵니다.

체벌은 아동에게 심리적 상처를 남깁니다.

체벌에 관대한 사회는 아동 학대를 부추깁니다.

지금부터
공부시켜야 할까요?

미래를 빨리 준비하려는 희열 맘

> 다들 초등학교 보내기 전에 공부 어떻게 시키셨나요?

아동기를 지켜 주고 싶은 현 강사

> 저는 학교 가기 전에는 실컷 놀게 했어요.

미래를 빨리 준비하려는 희열 맘

> 우리 애만 뒤처지면 어떡해요. 요즘은 읽고 쓰는 건 기본이고, 영어랑 수학도 다 학원에서 미리 배운대요.

아동기를 지켜 주고 싶은 현 강사

> 빠르다고 다 좋은 건 아니에요. 지금 시기에 맞는 교육이 더 중요해요.

희열이는 일곱 살입니다. 내년에 초등학교에 가야 하는데 받아쓰기는커녕 제대로 읽지도 못해요. 다른 아이들은 어느 정도 읽는 것 같은데 우리 아이만 뒤처진 것 같아 너무 속상해요. 비단 읽기뿐만이 아닙니다. 기초적인 연산도 못 해서 학습지를 시작했는데 붙잡고 공부 좀 시키려고 하면 소리를 지르고 난리예요. 다른 아이들은 "내년에 학교 가야 되니까." 하면 다 책상에 앉아서 열심히 따라 한다는데 왜 우리 아이만 이렇게 공부를 안 하려고 드는지 모르겠어요.

요즘 애들이 어디 보통 애들이에요? 학원 서너 개는 기본으로 다니고, 빠른 애는 사고력 수학까지 한다더라고요. 조기 교육이 안 좋다는 사람들도 있지만 이 정도는 조기 교육도 아니잖아요? 학교 가기 전에 기본은 해 놓으려는 것뿐이에요. 가만히 있다가 우리 애만 뒤처지면 나중에 그 원망을 누가 다 듣겠어요? 집 앞에 있는 학원에서 원장님이랑 상담을 했는데 '두뇌 기반 학습'으로 아이들의 잠재력을 훈련시켜 주는 게 좋다고 해서 일주일에 세 번만 다니자는데 희열이가 절대로 안 가겠다고 합니다. 애가 아직 뭘 몰라서 그런 것 같아요. 인터넷에서 봤는데 어른들에게 어린 시절로 돌아가면 가장 하고 싶은 게 뭐냐고 했더니 1위가 '공부'래요. 나중에 후회해도 소용없는 거 아니겠어요? 강요하고 싶지는 않은데 어떻게 해야 이해시킬 수 있을까요?

✸ 사례의 재발견

희열이는 이제 일곱 살이 됩니다. 유치원 안 간다고 울던 게 엊그제 같은데 내년이면 벌써 학교에 보내야 합니다. 슬슬 공부할 준비를 시작해야 하지 않나 싶습니다. 요즘 동네에서 아이 반 엄마들을 만나면 초등학교에 가기 전에 무엇을 시킬지 같이 학원을 알아보자고 난리도 아니에요. 느림보 철학을 가지고 실컷 놀게 내버려 두었더니 희열이는 자기 이름을 쓰기 시작한 지도 얼마 되지 않았는데, 같은 반 민찬이는 구구단도 외우고 다음 주부터 사고력 수학도 다니기로 했대요. 요즘에는 그게 대세라고 합니다. 가만히 있다가 우리 애만 뒤처지는 건 아닐지 불안감이 스멀스멀 올라옵니다.

잠자리에서 아이에게 살짝 초등학교 이야기를 꺼내 보았습니다. 우리 희열이가 벌써 일곱 살이고 한 살만 더 먹으면 초등학교에 갈 텐데 궁금한 게 있느냐고 물어보았어요. 그런데 느닷없이 핸드폰 이야기를 꺼내더니 엉뚱한 이야기만 늘어놓습니다.

"엄마, 초등학생 되면 핸드폰 사 준다 그랬죠? 근데 세준이는 벌써 생겼대요. 선생님이 일곱 살이 최고 형님 반이라 그랬는데 형님 됐으니까 그냥 사 주면 안 돼요?"
"그런데 나는 민찬이랑 세준이랑 윤서랑 은지랑 다 같은 반 되고 싶어요."

"다 같은 반 되고 나만 다른 반 되면 어떡해요? 그럼 난
친구 없는데."

은근슬쩍 공부 얘기를 해 봐도 자기는 글자도 잘 읽고 운
동도 잘한다고 킥킥대더니 이번에는 형님이 되었으니까 동생을
갖고 싶다고 하나 낳으라고 합니다. 희열이는 일곱 살 형님이
될 생각에 들떠 있는데 저 혼자 1년을 건너뛰고 있었네요. 현재
는 미래를 준비하기 위한 시간이 아니라 지금 이대로 중요한 시
기인데 무언가를 놓칠 뻔했다는 생각이 들었습니다. 두 마리 토
끼를 잡는 건 엄마의 욕심이겠죠? 학교 갈 준비보다 일곱 살 나
이에 맞는 다양한 경험을 해야 발달에 구멍이 생기는 일이 없을
것이라고 애써 마음을 다잡았습니다.

희열이에게 학교에 간다는 건 어떤 의미일까요? 희열이는
아직 자기가 왜 글자를 익히고 숫자를 알아야 하는지 모르고 관
심도 없어 보입니다. 큰애는 책도 많이 읽고 글자도 빨리 떼서
아무런 걱정이 없었는데 희열이는 그런 쪽으로는 관심이 없어
서 걱정되는 건 사실입니다. 다른 엄마들이 하는 얘기도 틀린 건
아닌 거 같은데……. 공부도 기초 체력이 중요하니까 생각하는
힘을 길러 주고 싶어요.

중학생을 키우는 큰언니는 초등학교 때 학원으로 '뺑뺑이'

를 돌렸던 아이 중에서 머리가 크면 어깃장을 놓고 반항하면서 아예 공부에 손을 놓는 애들을 많이 봤다고 합니다. 민찬이 엄마는 억지로 시키는 건 해가 되지만 조금씩 준비시켜야 학교 가서 진도를 따라갈 수 있다고, 애들이 불쌍하긴 하지만 나 혼자 따로 가면 안 된다고 해요. 중심을 잡기가 참 어렵네요. 누가 정답을 가졌는지도 알 수 없고, 우리 희열이한테 어떤 게 맞는지도 모르겠어요. 하지만 아무리 중요하다고 저 혼자 강조해 봐야 공부는 아이가 하는 거니까 아이한테 맞추는 게 맞겠죠? 재미가 없으면 꾸준히 할 리가 없으니 공부 재미를 알게 하는 방법을 찾아봐야겠어요. 내년 이맘때쯤이면 초등학교 입학을 앞두고 희열이도 다른 고민을 꺼내지 않을까요? 그때까지는 책도 많이 읽어 주고 공부를 힘들게 받아들이지 않도록 즐거운 활동으로 접근해 봐야겠습니다.

⏳ 아동 인권 한 스푼

<2019년 제5·6차 유엔 아동권리협약 이행 대한민국 아동 보고서>의 부제는 '교육으로 고통받는 아동'입니다. 전체 아동 중 놀 권리를 보장받지 못하고 있다고 응답한 아동은 68.9%이며, 그 비율은 초등학생(43.9%), 중학생(68.8%), 고등학생(80.9%) 순으로 증가하였습니다. 점수에 꿈을 맞춰야 하기 때문에 과하게 많은 시간을 공부에 투자해야 하는 학생들의 고통이 영유아들에게까지 확대되고 있습니다. 아동들의 과도한 학습 시간은 성장에 꼭 필요한 수면이나 신체 활동 시간을 단축시키고, 건강 문제로까지 이어질 수 있습니다.

유엔 아동권리협약 제31조는 아동의 여가와 놀이에 대한 권리를 보장합니다. 아동은 충분히 쉬면서 자신의 나이에 맞는 놀이에 자유롭게 참여할 권리가 있습니다. 자유로운 아동기를 박탈당하는 것은 삶을 통째로 빼앗기는 것과 같습니다. 또한 협약의 제5조에서는 아동이 협약에 명시된 권리를 행사할 때 아동의 능력과 발달에 맞는 방식으로 적절히 지도하고 이끌어 주는 부모 또는 법적으로 아동을 책임지는 이들의 권

리와 의무를 밝히고 있습니다. 부모의 욕구보다 중요한 것이 아동의 권리를 보장하는 것입니다. 사회가 경쟁적이고 불공정하다면 그 판에 아동을 밀어 넣을 것이 아니라 아이들을 위해서 힘 있는 목소리를 내는 것이 필요합니다.

자폐 스펙트럼 장애가 있는 변호사의 삶을 다룬 드라마에 나오는 한 등장인물의 메시지가 사회적 반향을 불러일으킨 일이 있습니다.

"어린이는 지금 당장 놀아야 한다."
"어린이는 지금 당장 건강해야 한다."
"어린이는 지금 당장 행복해야 한다."

이 얼마나 멋진 구호입니까? 그러나 이 장면에는 모순이 있습니다. 어린이 해방군을 자처하는 아저씨는 얼핏 아이들을 탈출시켜 주는 영웅 같지만, 아동이 주체임을 인식하지 못하고 있습니다. 스스로를 '사령관'이라는 지위에 올려 두고 아이들에게 시키는 대로 따라 하라고 말합니다. 참 아이러니한 장면이지요. "학원 수업을 들을래? 나를 따라가서 놀이할래?"라는 말은 O, X밖에 없는 선택지를 주고 또 다른 방식으로 강요하는 것입니다. 아이들은 오늘 이 순간이 아니라 다른 시간에 놀고 싶을 수 있고, 선택에 앞서 부모님과 의논하고 싶을 수도 있기 때문입니다. 내가 좋다고 생각하는 것을 주는 것이 아니라, 아이가 무엇을 원하는지 물어보는 것이 먼저입니다.

많은 부모가 아이가 행복하기를 바란다고 하면서 미래를 대비해 원치 않는 선택을 강요합니다. 일과표를 따르라고 하고 모두 너를 위한 것이라고 설명합니다. 넓은 마음으로 수학이나 영어 학원 대신 피아노나 태권도, 수영 중에 골라서 즐겨 보라고 합니다. 만약 아이가 원하는 것이 거기에 없으면 어떡해야 좋을까요? 아이들은 무언가를 배우지 않아도 잘 놀고, 잘 성장할 힘이 있습니다. 자신에게 맞는 시간표대로 지금을 즐기고 행복을 추구할 힘이 있습니다. 권리를 존중하기 위해서 진짜 필요한 것은 아동의 유능함에 대한 신뢰입니다.

여자답게,
남자답게?

일곱 살 재석이 엄마의 이야기

'상남자' 재석 맘

아들 키우기가 왜 이렇게 힘들죠? 맨날 여자애들을 놀리고 울려요. 여자는 이런 거 못 해 하면서요.

차별을 거부하는 보 강사

여자와 남자의 역할을 구분할 필요는 없지요.

'상남자' 재석 맘

오늘은 다짜고짜 분홍은 여자들한테나 줘 버리라면서 소리를 지르네요. 남자 색 여자 색이 따로 있는 게 아니라고 몇 번이나 말했는데 소용이 없어요.

차별을 거부하는 보 강사

성 역할 고정관념은 하루아침에 바뀌지 않습니다. 다양한 사고를 할 수 있게 도와주세요.

일곱 살 재석이는 평소에도 "남자는~" 또는 "여자는~"이라는 말을 자주 합니다. 가위바위보를 할 때도 "남자는 주먹이지."라고 말하는가 하면, 한 살 아래 여동생이 태권도를 열심히 할 때 "여자가 단 높아서 뭐하냐?"라고 놀리기도 해요. 처음에는 대수롭지 않게 넘겼는데 놀이터에서 점점 남자 친구랑만 놀려고 하고 "여자는 제발 좀 빠져라. 가서 너희들끼리 놀아."라고 선을 긋는 걸 본 적도 있어요. 얼마 전에는 여자아이랑 노는 친구에게 "○○이랑 △△이는 사귄대요. 뽀뽀해! 뽀뽀해!" 하고 놀리다가 싸워서 선생님께 전화를 받기도 했습니다.

오늘은 민철이를 비롯해 여러 친구를 초대해서 종이접기를 하는데 분홍색 종이를 집은 민철이에게 "네가 여자냐? 분홍은 여자애들에게 줘 버려."라고 말해서 옆에 있던 친구들이 웃었고, 민철이는 "왜 너희들이 먼저 가져가고 난 남은 걸 주냐?"라며 소리를 질렀습니다. 엄마들이 나서서 중재해 보았지만 민철이는 너희들하고 안 놀겠다며 집으로 가 버렸습니다. 저는 너무 화가 나서 재석이에게 "넌 왜 자꾸 친구들과 싸우냐? 그럴 거면 다 집에 보내고, 이제부터 친구들을 집에 데려오지도 마!"라고 소리쳤어요. 재석이는 친구들 앞에서 혼난 것이 속상했는지 방문을 닫고 들어가서 꼼짝도 안 하네요.

✿ 사례의 재발견

저는 4녀 1남 중 장녀로 성장했습니다. 어릴 때부터 '여자는 이래야지, 남자는 저래야 해.'라는 말을 수없이 들어왔습니다. 대학에 진학할 때도 전자 공학을 전공하고 싶었지만 부모님께서 "여자가 왜 공대를 가냐?"라며 반대가 심했어요. 특별한 이유는 없었습니다. 단지 남학생이 많은 곳에서 공부하는 것이 불안하다고 하셨어요. 부모님의 반대에도 공대에 진학했기 때문에 "내가 그럴 줄 알았다."라는 말을 듣기 싫어 힘들다는 말도 못하고 이를 악물고 공부해서 수석으로 졸업했습니다.

성별 고정관념은 일상에도 영향을 미치지만 직업을 선택하고 미래를 설계하는 데도 영향을 미칩니다. 저는 우리 아이가 남녀를 떠나 자기답게 성장하기를 바라고 있고, 이런 생각을 남편과도 공유해 왔어요. 어려서부터 아이가 보는 영상, 책, 장난감 등에서 성별 고정관념을 학습시킬 요인이 있는지 점검했습니다. 동화책을 읽어 줄 때도 중성적인 목소리로 읽어 주는 게 좋다고 하더군요. 사자나 호랑이는 굵고 낮은 남성적인 목소리로, 토끼나 쥐와 같이 작고 약한 동물은 여성의 목소리로 읽는 것이 나도 모르게 남자는 강하고 여자는 약하다는 인식을 심어 준다는 말을 듣고 깜짝 놀랐던 기억이 납니다. 여성은 약하기 때문에 지켜 줘야 한다는 고정관념 속에서 약자와 강자의 위계가 만들어지고 '이것이 폭력으로 이어질 수도 있다는 것도 잘 이해하게 되었습니다. 성별 고정관념 속의 차별을 인식하고 평등한 관계 맺기를 위해 애쓰는 저의 노력이, 재석이가 성장하면서 관계의 기술을 습득하는 데도 도움이 되리라 생각해요. 그래서 우리 부부는 집안일도 분담해서 함께하고 있어요.

이렇게 노력하지만 재석이는 "엄마, 남자가 발레를 한대요."라며 놀라기도 하고 "여자는 게임을 못 하니까 남자랑 편을 먹어야 해요."라는 말을 하기도 합니다. 그럴 때마다 왜 그런 생각을 하게 되었는지 물어보고 재석이가 고정관념에서 벗어나 다양하게 사고할 수 있게 도와주고 있어요. 갈 길이 멀구나 싶고, 무엇을 놓쳤나 반성해 봅니다. 아이들이 쉽게 이해할 수 있는, 성별 구분 없이 함께 능력을 키워 나가는 모습의 영상을 찾아서 같이 보고, 관련 기사나 사진을 검색하며 다양한 경험을 하다 보면 언젠가는 여자답고 남자다운 것보다 나답게 성장하는 것이 중요하다는 것을 알게 되겠지요?

"발레는 여자만 할 수 있는 것이 아니야. 여자는 발레리나라고 하고, 남자는 발레리노라고 하는데 함께할 때 더 풍성하고 멋진 작품을 만들 수 있어. 우리 발레리나와 발레리노가 함께 공연하는 영상을 한번 찾아볼까?"

⧗ 아동 인권 한 스푼

유엔 아동권리협약 제2조 1항

당사국은 자국의 관할권 안에서 아동 또는 그의 부모나 후견인의 인종, 피부색, 성별, 언어, 종교, 정치적 또는 기타의 의견, 민족적, 인종적 또는 사회적 출신, 재산, 무능력, 출생 또는 기타의 신분에 관계없이 그리고 어떠한 종류의 차별을 함이 없이 이 협약에 규정된 권리를 존중하고, 각 아동에게 보장하여야 한다.

남녀는 신체적·생리적 조건에 관계 없이 협약에서 보장하는 권리를 함께 누려야 합니다. 성차별은 어느 날 갑자기 발생하는 것이 아니라, 일상의 말과 행동에 어떤 고정관념과 편견이 있는지를 점검하지 않는 것에서부터 출발합니다.
재석이는 부모의 노력에도 불구하고 '남자는~ 여자는~' 하고 계속 말할지도 모르겠습니다. 재석이가 만나는 사람이 부모가 전부는 아니기 때문입니다. 재석이는 좋아하는 게임 속에서, 구독하고 있는 유튜버의 영상 속에서, 친한 친구나 동네에서 마주치는 수많은 사람의 모습에서 다양한 성 역할을 경험하고 영향을 받게 됩니다. 그때마다 일일이 부모가 살펴보고 개입하는 것은 한계가 있습니다.

어떤 부모님들은 차별에 반대한다고 말하면서도 남자아이에게 자동차나 로봇을 사 주고 격한 운동을 권하기도 합니다. 그리고 그것을 잘 받아들일 때 만족해하며, 그러지 않으면 꾸중하거나 무시하는 등 부정적인 반응을 보이기도 합니다. "남자는 그러는 거 아냐." "여자는 놀리면 안 된다." "정말 남자답구나." "그 일은 남자에게 어울리지 않는 것 같다." 하면서 나도 모르게 성 역할 고정관념을 심어 주는 말을 하기도 합니다.

아동이 잘 성장하기를 바라는 마음이라도 남녀를 나누어 표현하다 보면 본의 아니게 왜곡되어 전달될 수 있습니다. '남자, 여자' '아들, 딸' 대신에 '친구, 사람'이라는 표현을 더 많이 사용하는 것이 필요합니다. 성별에 상관없이 모두가 차별받지 않고 자신의 권리를 누리며 살 수 있어야 한다는 것을 이해하게 돕는 것, 아동 스스로 판단할 수 있는 가치와 기준을 가질 수 있도록 돕는 것이 어른들의 역할 아닐까요? '남자답게, 여자답게'보다는 '나답게' 살아갈 때 비로소 자신이 하는 일에 의미와 기쁨을 느끼고, 나 자신을 존중하고, 더 나아가 나와 다른 이들을 존중할 수 있을 것입니다.

남매 전쟁?
육아 전쟁!

둘이라서 두 배로 힘든 병헌, 민정 맘

내가 뭐 하려고 둘이나 낳았나 모르겠어요.
둘이 눈만 마주치면 으르렁거려요.

두 배의 행복을 보장하는 현 강사

우리 애들도 엄청 싸우면서 컸어요. 하루하루
가 전쟁 같았죠.

둘이라서 두 배로 힘든 병헌, 민정 맘

오빠는 오빠다워야 하는 거 아니에요? 별것
도 아닌 걸로 계속 시비만 걸고…… 작은 애
도 한 번을 안 지려고 들어요.

두 배의 행복을 보장하는 현 강사

서로에게 바라는 것을 솔직하게 얘기하게 해
주세요. 이다음에 크면 서로가 부모님이 주신
가장 큰 선물임을 알게 될 거예요.

일곱 살 아들 병헌이와 여섯 살 딸 민정이를 키우는 엄마입니다. 작년까지 직장을 다니다가 아이들을 양육해야 해서 전업주부로 살고 있습니다. 아이들은 아침에 어린이집에 가서 오후 4시까지 있다가 집에 옵니다. 어머님은 집에서 놀면서 애들을 늦게까지 밖으로 돌린다고 뭐라 하시고, 남편은 어린이집에서 아이를 다 키워 주는데 뭐가 힘드냐고 합니다. 아이들이 어린이집 다니면 육아가 끝나는 건가요? 집안일은 해도 해도 끝이 없고 남편이 늦게 퇴근하는 날이면 저의 육아는 밤중까지 계속됩니다.

저는 아이들에게 좋은 말로 양육하는 것이 힘들어요. 특히 두 아이가 너무 싸우는데 그럴 때면 미친 듯이 화가 나서 아이들에게 퍼붓고 아이들이 잠들고 나면 후회를 합니다. '그러지 말아야지, 말아야지.' 하면서도 싸우는 아이들을 보면 나도 모르게 화가 치밀어 올라 아이들에게 소리치고 겁을 줍니다. 하루는 집안일을 하고 있는데 아이들 방에서 싸우는 소리가 들려 가 보니 병헌이가 민정이에게 놀잇감을 던져 민정이가 울고 있었어요. 저는 또 폭발했습니다. "너희들 때문에 내가 죽겠다. 제발 사이좋게 놀라고 했지? 자꾸 이럴 거면 너희들끼리 살아. 차라리 엄마가 집을 나가야겠다." 매일매일 싸우는 남매, 어떻게 하면 좋을까요?

❀ 사례의 재발견

청소를 다 해 놓아도 아이들이 어린이집에서 돌아오면 10분도 채 되지 않아 집이 엉망이 됩니다. 음식물 쓰레기를 버리고 오는 그 짧은 순간에도 사이좋게 지내지 못하고 싸움이 일어납니다. 그럴 때면 아이들 한 명 한 명을 생각하지 못하고 결과만 가지고 화를 내는 경우가 많았어요. 어느 순간부터 아이들 싸움을 말리는 건지 내 스트레스를 퍼붓는 건지 알 수 없어졌어요. 아무렇게나 비난하는 말만 쏟아져 나오고 한 번이라도 아이들을 안아 주거나 왜 그렇게 행동했는지 물어본 적이 없었던 것 같아요.

오빠인 병헌이가 동생을 때리거나 물건을 던져 아프게 하는 경우가 많기 때문에 병헌이를 주로 혼내게 됩니다. 민정이가 태어나기 전 혼자였을 때는 병헌이한테 모든 것을 맞춰 주고 아이를 많이 안아 주는 편이었어요. 하지만 민정이가 태어나니까 병헌이는 나를 도와주지 않는 힘든 아이가 되어 버렸어요. 일곱 살도 아직 어린 나이인데 너무 큰 아이 취급을 한 걸까요?

오늘도 병헌이는 억울해합니다. "엄마는 왜 맨날 민정이 편만 드냐고. 난 억울해. 민정이가 엄마 안 볼 때 계속 나를 약 올린다고. 메롱 메롱 한다고!" 주먹을 쥐고 바락바락 소리 지르는 모습이 너무 낯설었어요. 이런 아이가 아닌데……. 나도 모르게 병헌이를 코너에 몰아붙였구나 싶어 아차 했습니다.

"아, 그랬구나. 그래서 화가 났구나."
"엄마가 얘기도 안 들어 보고 민정이 편만 드는 것 같아
서 너무 서운했구나."

급한 김에 동생부터 말로 달랜 것인데 되려 병헌이가 큰 소
리로 울음을 터뜨리면서 팔을 벌리길래 얼른 안아 주었습니다.
오빠가 우는 걸 보고 민정이도 덩달아 울기 시작했지만, 일단
감정이 크게 상한 병헌이부터 달래 주고 싶었습니다. 저녁밥도
해야 하고 머릿속이 복잡했지만 한참을 안고 기다려 주었더니
진정이 되었습니다. 당장 입이 근질근질했지만 참고 기다린 보
람은 있었습니다. 병헌이가 먼저 평소에 제가 하던 말을 그대로
따라 하는 거예요.

"그래도 동생한테 물건을 던진 건 내가 잘못한 것 같아요."

'아, 이거로구나!' 아이도 감정을 추스르고 나니 생각할 힘
이 돌아온 것 같았습니다. 그렇게 말해 줘서 고맙다고 하니 "내
가 잘못한 건 맞잖아요. 야, 이민정, 미안해. 안 다쳤냐?" 하고 퉁
명한 사과를 던집니다. 민정이는 "어. 내가 잽싸게 피했어. 근데
나 아까 그냥 장난으로 메롱 한 거야." 하고 아무렇지 않게 받아
쳤습니다. 그렇다고 얼렁뚱땅 넘길 수는 없어서 두 아이를 앉히

고 그제야 잔소리를 조금씩 선물했습니다. 문제를 해결하는 기술을 배워야 하니까요.

> "병헌아 다음에 또 그런 일이 생기면 이렇게 말해 보면 어떨까? '네가 놀리면 속상해. 너를 예뻐하는 마음이 사라지는 것 같아.'"
> "민정아, 오빠가 싫다는데 계속하는 건 장난이 아니라 괴롭히는 거야. 오빠랑 같이 놀고 싶을 때는 나랑 놀아 줄 수 있냐고 물어봐야 해."

⚊ 아동 인권 한 스푼

발달상 만 6세 미만 아이들은 타인을 이해하는 것을 어려워합니다. 남매에게 싸우지 말라고 이야기하는 것은 좋으나 어느 한쪽의 편을 들어 싸움을 말리다 보면 아이들은 그 사이에서 차별을 경험하게 됩니다. 그래서 싸울 때 화를 내고 다그치는 것보다는 둘이 잘 지낼 때 칭찬해 주는 것이 좋습니다. 만약 상황에 개입해야 한다면 각자의 입장을 충분히 들어주되 부모가 판결을 내리는 역할을 해서는 안 됩니다. 갈등을 스스로 해결하는 힘을 기르는 것이 더 중요하기 때문입니다. 아이들이 조금 더 자라면 현명하게 한발 물러서는 것도 필요해요.

"엄마는 너희를 둘 다 사랑해. 하지만 싸우는 것까지 편들어 주고 싶지는 않구나."
"둘이서 잘 해결할 거라 믿는다."
"언제라도 엄마의 도움이 필요하면 얘기해 줘."

연년생으로 동생이 태어나는 경우, 큰아이는 부모의 사랑을 독차지할 시간이 부족한 상태에서 왕좌를 물려주게 됩니다. 섬세하게 마음을 헤아려 주지 않으면 동생을 시샘하고 무시하거나 공격적인 행동을 보이기 쉽겠죠? 다 컸으니까 이해하라거나, 먼저 태어났으니까 양보하라는 것은 부모의 관심과 사랑을 포기하라는 것과 같습니다. 특히 영유아기 아동에게는 도로 아기가 되라는 주문과도 같습니다. 첫째만을 위한 특별한 보상을 주시고, 동생을 돌보는 일에도 참여시켜서 좋은 역할을 경험하게 해 주시기 바랍니다.

"동생은 아빠한테 맡기고, 주말에 엄마랑 둘이 놀러 가 볼까?"

사실 앞의 사례는 '남매 전쟁'보다는 독박 육아로 인한 스트레스가 더 문제라고 봅니다. 육아 스트레스는 양육자라면 누구나 경험하는 일이므로 자책하지 않았으면 좋겠습니다. 몸은 하나인데 두 아이를 돌보니 남매가 싸울 때 화가 나고 힘든 것은 어쩌면 당연한 일입니다. 하지만 싸우는 것을 말리고, 하지 말아야 할 것을 가르쳐 줄 때 자칫 정서 학대가 되지 않도록 유의해야 합니다. 갈등을 중재하는 과정에서 언성을 높이거나 비난하는 태도를 보여서는 안 됩니다.

또 자기 조절이 가능한 양육자가 아동에게도 자기 조절을 배울 수 있도록 도움을 줄 수 있어요. 스트레스 받은 것을 인식했다면 감정이 태도가 되지 않도록 노력해야 합니다. 그러려면 나만의 무기가 많이 필요하겠죠? 하루에 단 15분이라도 '나'를 위한 시간을 만들어 보세요. 꼭 무엇을 해야 하는 것은 아닙니다. 아무것도 안 하고 '멍 때리는' 것만 해도 됩니다. 육아에서 잠시 떨어져 있어 보는 것이지요. 아이가 태어나면 부모는 아이도 돌보아야 하지만 자기 자신도 돌보아야 합니다. 내가 나를 돌보고 내 삶을 지키는 것이 결국 아이를 보호하는 일임을 기억하세요.

친구 앞에서
표현을 못 하는 아이

일곱 살 고은이 엄마의 이야기

'소심이'가 속 터지는 고은 맘

선생님, 우리 애는 왜 친구들이 하자는 대로
만 따라 하는 걸까요?

관계의 힘을 길러 주고 싶은 뽀 강사

친구가 불편해할까 봐 그럴 수도 있고, 참는
게 더 편할 때도 있지 않을까요?

'소심이'가 속 터지는 고은 맘

표정을 보면 전혀 아니에요. 싫으면 싫다고 하
면 되잖아요? 왜 그거 하나 표현 못 하고…….

관계의 힘을 길러 주고 싶은 뽀 강사

친구 관계에서 표현하기 힘들어한다면 먼저
연습이 필요해요.

1부   영유아에게도 인권이 있을까?

일곱 살 고은이 때문에 고민이 많습니다. 단짝 친구인 혜교가 인형 놀이를 하자고 하면 인형 놀이를 하고, 내가 엄마 할 테니 넌 딸을 하라고 하면 딸 역할을 합니다. 혜교가 "엄마가 정리 잘하라고 했지? 이렇게 엉망진창으로 만들어 놓고……. 빨리 치워!" 하면 "네, 엄마." 하며 풀이 죽은 채로 장난감을 정리합니다. 아무리 역할놀이라고 하지만 매번 야단을 맞는 듯한 상황과 아무 말도 못 하고 순종적인 태도를 취하는 고은이를 보면 속이 상합니다. 장난감을 선택할 때도 먼저 선택하는 쪽은 늘 혜교입니다. 고은이는 혜교가 선택하고 남은 장난감을 가지고 놀다가 바꿔서 놀자고 하면 또 아무 말 없이 바꿔 줍니다.

혜교네 집으로 놀러 갔을 때는 그 정도가 더 심해집니다. 혜교가 고은이를 따라다니며 이래라 저래라 잔소리를 합니다. 이건 만지면 안 되니까 다른 거 가지고 놀라고 하기도 하고 자신이 책을 다 읽었다고 고은이가 읽고 있는 책을 뺏으며 나가서 놀자고 하기도 합니다. 책을 좋아하는 고은이는 싫은 기색이면서도 혜교가 하자는 대로 놀이터에 나가기도 합니다.

"너 바보야? 입 뒀다 뭐해? 싫으면 싫다고 말을 해야지."

답답한 마음에 다그치는 소리가 절로 나옵니다. 눈물만 뚝뚝 흘리는 고은이에게 혜교처럼 똑같이 하라고 할 수도 없고 생각하면 할수록 화가 납니다.

처음에는 같은 반이라 서로 의지하며 지내면 되겠다고 생각해 자주 놀게 했는데 친구에게 끌려다니며 주눅이 든 모습을 볼 때마다 속상하고 답답하기도 해서 요즈음은 같이 안 만나게 해야 하나 싶습니다. 혜교와 만나는 것을 즐거워하지 않는 듯해 함께 놀 때 불편하거나 싫은 것이 있는지 물어보면 괜찮다고만 합니다. 제가 어떻게 도와줘야 하는 걸까요?

✹ 사례의 재발견

고은이와 혜교는 어릴 때부터 단짝이었고 잘 지내는 것처럼 보였지만 자기 주장이 강해지는 혜교 옆에서 고은이는 시간이 지날수록 표현도 못 하고 마음고생을 하게 되었어요. 저는 더 이상 보고 있을 수만은 없었습니다. 고은이가 친구와 긍정적이고 건강한 관계를 맺을 수 있게 도움을 주고 싶었습니다. 자기 멋대로 하는 혜교와 놀 때 고은이는 어떤 마음이었을까요? 친구가 하자는 대로 하는 이유를 물어보니 뭐라고 말해야 할지 모르겠다고 합니다. 마음을 표현할 힘을 길러 주기 위해서 다양한 감정 단어를 냉장고에 붙여 두었어요.

또 나와 친구가 원하는 것은 다를 수 있고, 다른 선택을 해

1부   영유아에게도 인권이 있을까?

도 된다는 것을 배우려면 연습이 필요할 것 같았어요. 집에 형제자매가 없으니 역할놀이를 같이 해 보면서 저라도 그런 친구 역할을 보여 주기로 했습니다. 적절한 소통 방식에 익숙해지면 자기 권리를 침범하는 태도를 거부하는 힘도 길러질 테니까요.

"와, 재밌겠다. 나도 해 보고 싶어."

"난 엄마 역할을 하고 싶어. 넌 뭘 할 거야?"

"난 지금 책을 읽고 있어. 이것만 다 읽고 같이 하자."

"그것도 좋겠네. 하지만 난 생각이 조금 달라."

"내 생각은 물어보지 않고 네 마음대로만 하려고 하니까 속상해."

⏳ 아동 인권 한 스푼

<u>유엔 아동권리협약 제13조(일부)</u>

"아동은 표현에 대한 자유권을 가진다."

이에 대해 국제아동인권센터에서는 이렇게 설명합니다.

"(자유권이란) 아동이 아무런 억압 없이 자신의 견해를 표현하고 자신의 의견 청취권 행사 여부를 선택할 수 있는 것을 말합니다. 또한 아동이 부당한 영향이나 압력에 조종당하거나 종속되어서는 안 되며 더 나아가 아동은 자신의 의견을 표현할 권리가 있습니다."

국적, 외모, 취향, 가치관에서 사람들은 다 다양합니다. 기질도 마찬가지입니다. 자기주장이 강한 사람도 있고 소극적인 사람도 있습니다. 자신의 감정과 욕구를 잘 파악하고 표현하는 사람도 있고 그러지 않는 사람도 있지요. 이런 사람들이 함께 서로를 존중하기 위해서는 적절한 소통 방식이 필요합니다. 나의 감정과 생각을 적절한 방식으로 표현하고 다른 사람의 생각과 감정이 나와 다를 수 있음을 받아들이는 것이 중요합니다.

건강한 친구 관계를 만들려면 관계 안에서 자신을 인정해 주는 친구가 있어야 하고 자신도 또래를 수용할 수 있어야 합니다. 내가 무엇을 좋아하는지, 어떤 감정을 느끼는지, 무엇을 하고 싶은지 탐색하고 수용하며 그것을 표현하는 방법을 알려 주세요. 표현하는 것을 어려워하며 거절당하는 것에 두려움을 느낀다면 가정에서 아동의 의사 표현이 존중되고 있는지에 대한 점검부터 필요합니다.

자신에 대해 긍정적으로 인식하고 자기 생각을 적절한 방식으로 표현하는 사람이 다른 사람의 감정과 생각을 존중하며 긍정적인 관계를 만들어 갈 수 있습니다. 그리고 자기주장이 강한 아이에게는 친구가 나와 생각이 다를 수도 있으니 상대의 의사를 묻고 기다려 줘야 한다고 조언할 필요도 있겠지요.

2부

초등학생,
어리다고
얕보지 마세요

"아동의 미성숙은 부족함이나
결핍이 아니라 성장하는 힘이다."

| 존 듀이(철학자이자 교육학자) |

"아이들은 내면에 자신의 발달을
이끌 수 있는 집중력을 갖추고 있다."

| 마리아 몬테소리(정신과 의사이자 철학자, 교육자) |

인간의 존엄함은 인간의 토대입니다. 누구나 자유를 실현하고 존엄한 존재임을 인정받으면서 살아갈 수 있어야 합니다. 아동이라 해서 예외는 아니지요. 아동의 권리를 보장하는 것은 아동이 자신의 잠재성을 완전히 발휘할 기회를 보장하는 것을 목적으로 합니다.

　고대나 중세 시대에는 아동과 성인을 따로 구분하지 않았고, 16세기 이후에도 아동을 어른의 소유물로 취급하는 것이 일반적이었습니다. 인류의 역사를 보면 아동은 나이가 어리다는 이유로 보호 대상인 동시에 통제 대상으로 인식되기도 했습니다. 현재는 어떨까요? 과거와 많이 달라졌을까요? 예전에 비해 가정에서 자녀의 수도 줄고, 사랑 표현도 많이 하지만 여전히 보호라는 명목하에 지나친 통제가 이루어지는 것이 현실입니다. 더 이상 아동 인권이 낯설지 않은 시대지만 많은 양육자는 여전히 자녀를 인권의 주체로 보고 있지 않습니다.

아이가 초등학생이 되면 아이와 부모 모두 상당한 부담을 갖게 됩니다. 많은 보호를 받았던 어린이집과 유치원을 떠나 학교에 들어가면서 아이의 세상은 중요한 전환점을 맞이하게 됩니다. 학교에서의 첫 경험은 이후의 학교와 미래의 배움에 대한 생각에 상당한 영향을 미칠 수 있습니다. 그리고 학년이 올라갈수록 아이들에게 사회관계는 더욱 중요해집니다. 다양한 친구와 선생님을 만나고 또래 압력을 받기도 합니다. 아이들은 친구와의 갈등도 해결해 나가야 하지요. 또 점점 과중해지는 학습 부담을 마주하게 되면서 자칫 부모와 자녀 간 갈등의 골이 깊어질 수 있습니다. 부모도 부모가 처음이다 보니 과거와 다르게 행동하거나 반항적으로 말대답을 하는 자녀와 갈등이 생기면 억압하거나 체벌로 통제하려 합니다. 또 내 아이를 잘 키워 내야 한다는 사명감이 너무 큰 나머지 아이의 인생을 부모가 재단하려 듭니다.

'2021 한국 아동의 삶의 질 국제 심포지엄'에서는 대한민국 아동의 '삶의 질'을 OECD 35개국 중 31위로 발표했습니다(세이브더칠드런·서울대학교 사회복지연구소, 2021). 그 이유는 무엇일까요? 편안하게 쉬면서 충분히 잠자고 맘껏 뛰어노는 것은 우리 아이들이 가진 아주 당연한 권리입니다. 그러나 엄혹한 현실에서 부모님들은 아동의 권리를 온전히 지켜 나가기 힘들다는 고민을 이야기합니다.

유엔 아동권리협약 제42조는 아동이 자신의 권리를 알 권리가 있다고 명시하고 있습니다. 성인은 아동이 자신의 권리를 잘 알고, 그 권리를 행사할 수 있도록 보장할 책임이 있습니다. 가정 안에서 양육자인 우리는 자녀의 참여와 의견을 얼마나 존중하나요? 여전히 특정 주제만으로 제한하고 있지는 않은가요? 내 아이가 만나는 온라인 세상은 아동을 보호하고 개인 정보를 잘 보호하고 있나요? 우리 마을은 아동이 살기 안전한 인권 친화적 마을인가요?

쉼을 얻고 여가를 즐기며 놀 수 있는 시간과 공간, 친구를 갖는 것은 아동의 기본 권리입니다. 이 권리 실현의 책무는 양육자와 국가에 있습니다. 그렇기에 가장 작은 사회인 가정은 아동 권리에 대한 지식과 태도를 익히고 이를 적용하여 민주 시민으로 내딛게 돕는 인권 배움터가 되어야 합니다.

야구장의
무법자

👤 잠이 많은 졸려 대디

> 주말에 온 가족이 놀이공원에 다녀왔어요.
> 너무 피곤했는지 아침에 늦잠을 자 버렸지
> 뭐예요.

👤 한다면 하는 동석 아빠

> 아! 저희는 주말에 야구장에 다녀왔는데 애
> 가 얼마나 난리를 피우던지 아이에게 다시는
> 야구장에 같이 안 갈 거라고 으름장을 놓았
> 습니다.

👤 못 고치는 버럭 대디

> 그럴 땐 따끔하게 혼내서 초장에 버르장머리
> 를 고쳐 놔야죠.

👤 한다면 하는 동석 아빠

> 사람이 많은 데서 막무가내로 떼쓰고 소리 지
> 르는 아이를 무슨 수로 달래요? 답답합니다.

초등학교 1학년 동석이 아빠입니다. 저는 야구를 무척 좋아하지요. 동석이는 저와 함께 야구 경기를 자주 보다 보니 프로 야구 선수들의 이름뿐만 아니라 야구 규칙까지 척척인 야구 박사입니다.

프로 야구의 개장을 기다려 온 저는 지난 주말 들뜬 마음으로 온 가족과 함께 야구장을 가기로 했지요. 일주일 전부터 설레는 마음으로 야구장에 갈 날을 하루하루 손꼽아 기다렸습니다. 그런데 막상 경기장에 도착하자 동석이가 흥분하여 의자 위에서 펄쩍펄쩍 뛰고 이런저런 '굿즈'를 사 달라고 조르기 시작했어요. 팝콘을 먹고 얼마 되지 않아 콜라를 원했고 콜라를 받자마자 앞사람의 옷에 쏟아부었답니다. 정말 창피해서 쥐구멍에라도 들어가고 싶은 심정이었어요. 결국 저는 야구를 보다 말고 경기장을 나오고 말았어요.

"다시는 너랑 야구장에 가나 봐라!"

화를 내며 다짐을 했습니다. 저는 동석이가 야구장에서처럼 학교에서도 막무가내로 무례한 행동을 할까 걱정됩니다.

✸ 사례의 재발견

동석이는 활발하고 호기심 많고 감정 표현에도 적극적입니다. 그리고 아빠와 같이 야구 하는 것을 정말 좋아합니다. 그런데 야구장에서 동석이의 행동을 보고 나니 아이가 학교에서 규칙에 잘 적응할지, 너무 산만한 건 아닐지 걱정이 되기 시작했습니다.

저는 늦지 않게 아이의 문제를 발견한 것이 그나마 다행이라 생각했습니다. 공공장소나 사람이 많은 곳에서 타인에게 피해를 주지 않고 함께 잘 지낼 수 있게 하려면 부모로서 어떤 도움을 주어야 할지 고민했습니다.

시간이 지나자, 저는 다시 한번 동석이와 야구장에 가서 즐거운 경험을 하고 싶어졌습니다. 그러기 위해 어떻게 해야 할지 제가 느꼈던 감정을 이야기하면서 아이의 의견도 들어 보았습니다. 얘기하다 보니 아무리 화가 났다 하더라도 "다시는 너랑 야구장에 가나 봐라!"라면서 부정적인 말을 내뱉은 것은 잘못된 행동임을 알게 됐습니다. 저는 동석이와 함께 야구 관람을 잘하기 위해서는 몇 가지 약속이 필요하다고 생각했습니다.

> **아빠** 동석아, 아빠가 지난번에 야구장에 다녀왔을 때 너무 힘들었거든. 다시는 너와 야구장에 가지 않겠다고 말했지만 그래도 너랑 야구장에 다시 한번 가고 싶어졌어. 너도 아빠랑 가고 싶어?
>
> **동석** 오! 정말요? 가고 싶어요. 언제 갈 수 있어요? 이

번주 일요일?

아빠   응. 그런데 이번에는 동석이와 아빠가 야구를 재미있게 보고 올 수 있는 방법이 있을까?

동석   움직이지 않고 가만히 앉아서 봐야 해요.

아빠   흐흐. 인형처럼 움직이지 않고 가만히 앉아 있겠다고? 그건 아빠도 불가능하고 너무 힘들 것 같은데…….

동석   아! 가끔 파도 타기를 할 수도 있고, 서서 응원할 수도 있을 것 같아요.

아빠   아빠는 사람이 많아서 네가 넘어지거나 너를 잃어버릴까 봐 너무 불안했어.

동석   야구장에서 어디 갈 때는 엄마 아빠 손을 꼭 잡고 있을래요.

아빠   움직일 때는 손을 잡고 있겠다고? 그래, 좋아. 만약 사람들이 있는 곳에서 여기저기 뛰어다니면 너도 위험해지고 다른 사람들에게 방해될 수 있으니까.

동석   아, 알겠어요. 아빠, 약속 꼭 지킬게요.

아빠   아빠는 이번 야구장 경험이 즐거운 추억이 되기를 바라. 만약 경기 중에 다른 사람을 방해하는 일이 또 일어나면 경기를 보다가 중간에 돌아올

수도 있어. 네가 약속을 잘 지켜서 야구장을 자주
갈 수 있길 바란다.

동석 넵. 걱정 마시라고요.

그렇게 다짐한 뒤 다시 야구장에 다녀왔습니다. 와! 주
말 야구장 관람이 성공적이어서 너무 기분이 좋습니다. 물론
100% 만족은 아니지만 아이가 약속을 지키려 노력하는 모습을
보니 얼마나 사랑스럽고 뿌듯했는지 모르겠어요. 아이에게 그
런 노력에 대해 칭찬을 많이 해 줬습니다. 그리고 동석이가 흥분
하여 약속을 잊으려 하는 순간 약속을 상기시키고, 흥분을 가라
앉히도록 어깨를 지그시 잡기도 했습니다. 이번 야구장 경험을
통해 아빠로서 자신감이 조금 생겼습니다. 동석이와 문제가 생
겼을 때 어떻게 풀어 갈지에 대해서요.

⌛ 아동 인권 한 스푼

여덟 살 동석이는 아빠와의 약속을 완벽하게 지켰을까요? 아마 처음부터 완벽하게 지키지는 못했을 것입니다. 그러나 아빠는 동석이의 특성을 알고 야구장에 가기 전에 동석이와 함께 규칙을 정했습니다.

좋은 시민의 자질은 하루아침에 만들어지지 않습니다. 아동은 가족의 일부이고 자신이 속한 학교의 구성원이며 나아가 시민으로서 공동체의 일원입니다. 아동도 자신이 속한 공동체의 이익을 위한 책임이 있다는 것을 알도록 지도하는 것이 필요합니다. 물론 나이와 발달 정도에 따라 아동에게 요구할 수 있는 제안의 범위는 달라질 수 있습니다.

유치원 아이와 초등학생이 질 수 있는 책임이 똑같은 것은 아닙니다. 많은 부모가 첫째 자녀에게는 아이가 가진 능력보다 더 높은 수준을 기대하고 그 기대에 못 미칠 때 부정적 피드백을 하는 경향이 있습니다. 부모가 만든 높은 기대에 못 미치는 실패의 경험은 자아 존중감을 만드는 데 좋지 않은 영향을 미칩니다.

동석이 아빠는 동석이의 특성을 이해하고 좋은 훈육을 선택했습니다. 아마 동석이는 또 다른 문제로 부모와 갈등 상황이 생기겠지요? 그때마다 '동석이는 어떤 아이인가?'를 알고 아이와의 해결점을 찾아가야 합니다.

아이를 키우다 보면 어릴 적부터 규칙적으로 잘 먹고 잘 자면서 성장하는 아이가 있는 반면, 예민해서 작은 소리에도 깨고 칭얼대는 아이도 있습니다. 이것은 타고난 '기질' 때문입니다. 기질은 어릴수록 강력하게 작용하여 행동 유형에 많은 차이를 만들어 냅니다. 활동적인 아이를 얌전한 아이로, 낯선 것을 불편해하는 아이를 좋아하게 만들 수는 없습니다. 그러나 자신과 자녀의 기질을 잘 이해하면서 아이를 비난하지 않고 그 상황을 이겨 내는 힘을 기르도록 도울 수는 있습니다.

체스와 토머스(Chess and Thomas, 1977)가 제시한 기질의 9가지 차원을, 우리 아이의 기질을 생각하면서 체크해 보세요. 부모와 아이의 기질을 다른 색으로 표시해서 어떤 차이가 있는지 비교해 보아도 좋습니다.

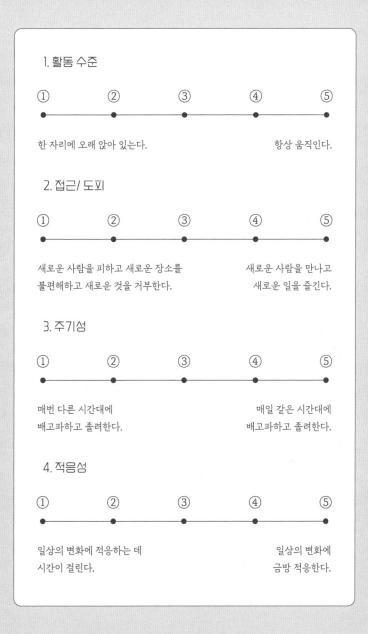

1. 활동 수준

①   ②   ③   ④   ⑤

한 자리에 오래 앉아 있는다.   항상 움직인다.

2. 접근/ 도피

①   ②   ③   ④   ⑤

새로운 사람을 피하고 새로운 장소를   새로운 사람을 만나고
불편해하고 새로운 것을 거부한다.   새로운 일을 즐긴다.

3. 주기성

①   ②   ③   ④   ⑤

매번 다른 시간대에   매일 같은 시간대에
배고파하고 졸려한다.   배고파하고 졸려한다.

4. 적응성

①   ②   ③   ④   ⑤

일상의 변화에 적응하는 데   일상의 변화에
시간이 걸린다.   금방 적응한다.

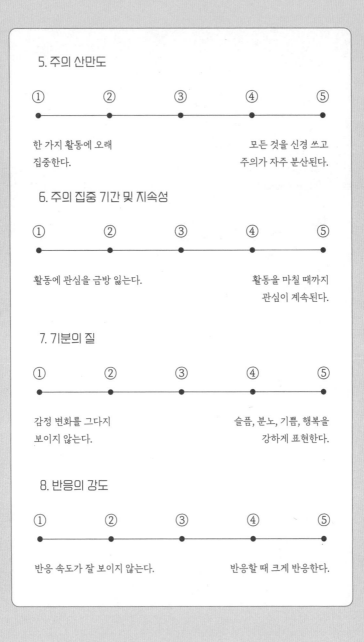

5. 주의 산만도

① ② ③ ④ ⑤

한 가지 활동에 오래
집중한다.

모든 것을 신경 쓰고
주의가 자주 분산된다.

6. 주의 집중 기간 및 지속성

① ② ③ ④ ⑤

활동에 관심을 금방 잃는다.

활동을 마칠 때까지
관심이 계속된다.

7. 기분의 질

① ② ③ ④ ⑤

감정 변화를 그다지
보이지 않는다.

슬픔, 분노, 기쁨, 행복을
강하게 표현한다.

8. 반응의 강도

① ② ③ ④ ⑤

반응 속도가 잘 보이지 않는다.

반응할 때 크게 반응한다.

9. 반응의 역치

①   ②   ③   ④   ⑤

오감 자극에 그다지
반응을 보이지 않는다.

오감 자극에 예민하게
반응한다.

출처: Thomas, A., & Chess, S. (1977). *Temperament and Development*. NY: Brunner/Mazel.

아이의 창의성을
키우고 싶어요

반짝반짝 작은 별 맘

아인슈타인도 학교 수업에 집중을 못 하고 성적이 형편없었다지요?

바다보다 숲이 좋은 수빈 맘

호호, 그럼 우리 아이도 과학자가 될 수 있다는 희망이?

반짝반짝 작은 별 맘

맞아요. 아직 실망은 이르죠. 만약 아인슈타인이 한국에서 공부했다면 그 천재성을 드러낼 수 있었을까요?

바다보다 숲이 좋은 수빈 맘

아이의 창의성을 키우기 위해서 무엇을 할 수 있을까요?

초등학교 3학년 수빈이는 호기심이 많고 상상력이 뛰어난 아이예요. 수빈이는 하늘의 별을 보면서 우리에게 별자리를 알려 주고, 과학 잡지를 보면서 공룡이 살았던 지구의 모습을 설명할 정도로 지적 호기심도 많았답니다. 우리는 수빈이를 보면서 어쩌면 대단한 물리학자가 될 수도 있겠다는 꿈을 꿨어요. 우리 부부는 수빈이의 호기심을 채우려 별자리 캠프도 가고 과학 전시장도 놀러 가곤 했어요. 다른 부모와 달리 아이에게 주입식 교육을 시키지 않고 자율성과 창의성을 키워 주는 교육을 하자고 남편과 교육 방침을 이야기했습니다.

그런데 수빈이가 학교에 입학하고 얼마 되지 않은 어느 날, 풀이 죽어 왔길래 무슨 일이 있었는지 물어봤어요. 얘기를 들어 보니 미술 시간에 선생님이 그림을 그리자고 하셔서 '와, 내가 좋아하는 공룡과 별을 그려야지.' 하고 있었대요. 그런데 선생님이 "오늘은 꽃 그림을 그리는 날이에요."라고 하셔서 어쩔 수 없이 선생님께서 말씀하신 빨간 꽃과 초록색 나뭇잎이 있는 그림을 그리고 집에 왔다는 거예요. 며칠 후 수빈이 교실에 가 보니 뒤편에 아이들이 그린 똑같은 꽃 그림들이 전시되어 있었어요. 거기에서는 아이들의 상상력과 자율성은 찾아볼 수 없었어요.

"선생님은 우리가 하고 싶은 건 하지 않고 선생님이 하고 싶은 활동만 하셔!"

"이제는 미술 시간이 재미있지 않아요."

수빈이는 이런 말을 자주 했죠. 게다가 학년이 올라가면서 주변 친구들이 수학, 영어, 태권도, 코딩까지…… 서너 개씩 학원에 다니는 것을 보고 있자니 수빈이가 학습 능력도 조금씩 뒤처지는 것 같고 조급한 마음이 생기기 시작했어요.

아무리 반짝이는 상상력이 있어도 기초 지식이 없으면 아무 짝에도 쓸모 없게 되는 거 아닌가? 어쨌든 학교 성적이 어느 정도는 돼야 대학도 들어갈 수 있으니 이렇게 혼자만 자유롭게 놀릴 수는 없다는 생각이 번쩍 들었습니다. 그러다가 또 '아니야. 내가 계획한 교육 방법이 수빈이에게 더 좋은 결과를 가져올 거야.' 하면서 계속 갈팡질팡하고 있습니다. 이런 조급함은 또 아이에게 고스란히 영향을 미치기도 하더라고요. 이래저래 불안할 수밖에 없는 대한민국 학부모인 저의 고민은 깊어만 갑니다.

❈ 사례의 재발견

수빈이는 지적 호기심이 많고 과학과 관련된 책을 즐겨 봅니다. 저는 수빈이의 상상력에 날개를 달아 주고 싶은 부모였어요. 그런데 한국의 교육 현실은 모든 것을 성적으로 평가하고 있습니다. 좋은 고등학교, 좋은 대학교 진학과 일류 기업 취업을 성공의 잣대처럼 생각합니다. 4차 산업 시대에는 개인의 창의성이 중요하다고 외치지만 학교 교육에서는 아직도 주입식 교육이 많은 부분을 차지하고 있어요. 어릴 적부터 학원에 보내야 한다는 사회적 통념이 아이들로 하여금 즐거운 공부가 아닌 괴로운 학습 노동을 하게 하는 안타까운 현실입니다.

되도록 자유로운 환경에서 즐거운 놀이를 통해 교육하고 싶었던 저의 가치관이 수빈이의 학년이 올라갈수록 점점 흔들렸습니다. 기발하고 엉뚱한 질문을 쏟아내던 아이였는데 점점 호기심이 줄어드는 것 같아 불안했어요. 수빈이의 진로와 교육 방향에 대한 고민이 깊어져, 학교 선생님을 찾아가 수빈이의 학교생활을 상담하고 남편과도 많은 대화를 나누었습니다. '무엇이 진정 수빈이를 위하는 일일까?' 많은 시간을 고민해 왔고, 사실 그 고민은 아직도 진행형입니다.

학교 선생님께서는 수빈이가 학교 수업에 전혀 뒤처지지 않고, 친구들과 협동 학습을 할 때 반짝이는 아이디어를 내 친구들이 수빈이와 같이 협력 활동을 하고 싶어 한다고 말씀하시면서 부모님이 수빈이를 어떻게 교육하시는지 물어보고 싶었다고 하셨습니다. 저는 선생님의 따뜻한 응원에 다시 용기를 내어 마음을 다잡았습니다.

생각해 보니 제가 흔들림 없이 중심을 잘 잡지 않으면 주변의 수많은 정보와 소식에 현혹되어 아이를 이 학원 저 학원에 밀어 버리는 손쉬운 선택을 하게 되겠다 싶었어요. 언젠가 사교육의 도움이 절실히 필요한 순간도 있겠지만, 그때까지는 최대한 자유로운 분위기에서 아이와 놀고 대화하고 체험하고 서로 공감해 주면서 함께 성장하는 데 매진하겠다고 마음을 다잡아 봅니다.

⚱ 아동 인권 한 스푼

유엔 아동권리협약 제31조 1항

당사국은 휴식과 여가를 즐기고, 자신의 연령에 적합한 놀이와 오락활동에 참여하며, 문화생활과 예술에 자유롭게 참여할 수 있는 아동의 권리를 인정한다.

아동에게 놀이는 밥이고 물이고 자유이고 행복입니다.
대한민국은 1991년 11월 20일 유엔 아동권리협약을 비준하면서 아동 권리 보호를 위해 노력하고 있습니다. 정부는 협약 내용을 얼마나 잘 이행했는지 보고서(1996년 제1차, 2003년 제2차, 2011년 제3·4차, 2019년 제5·6차)를 작성해서 정기적으로 제출하고 있고, 유엔아동권리위원회는 이 보고서를 검토한 뒤 추가로 이행해야 할 부분이 있으면 권고 사항을 작성해서 국가에 전달하고 있습니다.
대한민국은 최종 견해에서 아동의 사교육을 줄일 것, 아동의 휴식, 여가 및 놀이에 대한 관점과 태도를 전환하기 위한 인식 재고 프로그램과 대중 캠페인을 실시할 것, 모든 아동이 스포츠를 포함하여 휴식과 여가를 누리게 할 것, 놀이와 오락 활동을 할 수 있도록 충분한 시간 및 시설을 보장할 것 등을 계속해서 권고받고 있습니다.

2019년 대한민국의 유엔 아동권리협약 이행 제5·6차 국가보고서 심의 현장에서 유엔 아동인권위원회 아말 알도세리 위원은 다음과 같이 날카롭게 지적했습니다.

"한국의 아동들과 만날 기회가 있었는데 아동들은 가정에서 공부하라고 체벌을 당한다며, 심각하고 모욕적이라고 이야기했다."

"내가 만난 한국의 아동들은 자신들이 하는 일은 공부밖에 없다고, 학교가 끝나면 자정까지 학원에 있어야 한다고 했다. 이런 와중에 여가 활동을 즐길 수 있겠는가?"

"애들은 가서 공부나 해." "성적으로 줄 세우는 학교." "난 아무리 노력해도 안 돼." "점수에 꿈을 맞춰." "자살하고 싶다." 등은 대한민국 아동이 처한 현실을 잘 드러내는 말입니다. 또래와 어울리며 자신들만의 세계를 창조하는 일은 성장에 매우 중요하기 때문에, 아동의 '놀 권리'는 반드시 지켜져야만 합니다. 너무 바쁜 한국의 어린이들에게 평온하고 심심한 일상은 언제쯤 허락될까요? 서열과 등수를 위한 획일적 평가만이 삶에 있다면, 창의성을 기대할 수 있을까요?

자유롭게 놀고 다양한 체험을 즐기고 고요히 생각할 수 있는 시간과 환경을 주세요. 그것은 아동이 가진 권리입니다. 자녀를 사랑하는 부모라 해서 그 권리를 빼앗을 수는 없습니다. 아동에게는 자신의 관심사에 몰두할 수 있는 쉼과 시간과 공간이 필요합니다. 아이가 안전하고 편안함을 느낄 때 기발한 창의성이 발현될 것입니다. 만약 지속적으로 간섭하고 재촉하고 비교하여 스트레스가 많아진다면, 아이들은 불안과 공포로 창의성과 거리가 먼 사람으로 성장할 것입니다. 더 많은 부모님이 '오늘은 무슨 공부를 시킬까?'보다 '뭘 하면서 같이 놀까?'를 고민했으면 좋겠습니다.

세계적인 물리학자 리처드 파인만은 어떻게 자신의 천재성을 꽃피우게 되었을까요? 그 비밀은 그의 아버지의 교육 방식에 있습니다. 파인만의 아버지는 정답을 알려 주기보다 궁금증이 생기게 하는 교육 방식으로 호기심과 탐구심을 자극하였고, 딱딱한 자료와 정보조차 살아 움직이는 상상력으로 설명해 주었습니다. 파인만이 많은 질문을 통해 생각하는 힘을 기를 수 있도록 교육한 것입니다. 우리 아이들에게도 정답을 알려 주는 교육이 아니라 눈높이에 맞는 교육, 배움이 일어나도록 도와주는 교육이 필요합니다.

차별의
씨앗

열두 살 규민이 엄마의 이야기

차별의 씨앗을 거두고 싶은 희 강사

요즘 우리 아이들은 어떤 차별을 받았다고 이
야기할까요?

차별은 없다고 주장하는 규민 맘

글쎄요, 요즘 누가 차별을 하나요? 부모들도
평등하게 키우려 많이 노력해요.

차별의 씨앗을 거두고 싶은 희 강사

네, 알고 있습니다. 그런데 우리 아이들은 성
별이나 성적, 외모 등으로 차별을 받았다고 느
끼고 그것이 부당하다고 생각하기도 합니다.

차별을 안 하려고 노력하는 규민 맘

사실 우리 아이도 차별받았다고 슬퍼한 적이
있었어요. 그 일로 저도 반성 많이 했어요.

학교에 다녀온 규민이가 속상해하며 말합니다. "엄마, 저는 남자인데 왜 이렇게 비실비실 말라서 운동도 못할까요?" 무슨 일이 있었는지 묻자 체육 시간에 피구를 하는데 반 아이들이 규민이에게 제일 먼저 공을 던졌고 그 공에 맞았다고 합니다. 그러면서 친구들은 "네가 운동 제일 못하잖아, 미안." 하며 웃었고 뒤에선 남자가 운동 신경이 없어도 너무 없다며 키득거렸다고 합니다. "이런, 속상했구나. 그럼 이참에 엄마랑 운동 좀 할까? 사실 엄마도 네가 좀 걱정되긴 했어."라고 말했습니다.

그러자 규민이가 갑자기 발끈하더니 "엄마, 남자는 꼭 운동을 잘해야 해요? 전 운동은 별로예요. 몸 움직이는 거 진짜 별로라고요." 하고 소리를 지르는 거예요. 맨날 남녀는 평등하다고 하면서 여동생에겐 운동하라는 말은 하지도 않는다며 내가 남자라서 그러냐고 따졌습니다. 그 순간 너무 당황스러웠습니다.

❀ 사례의 재발견

저는 평소 아들, 딸 구별 없이 잘 키우겠다고 생각하는 엄마입니다. 저도 자라면서 딸이라고 차별을 받은 경험이 있어 제가 엄마가 되면 절대 차별은 하지 않겠다고 생각했습니다. 아들과 딸을 한 명씩 낳고 너무 좋았습니다. 아들이든 딸이든 원하고 잘하는 것을 할 수 있게 해 주고 싶었습니다. 아들이 "엄마, 저는 남잔데 왜 이렇게 말랐고 운동을 못할까요?"라며 속상한 얼굴로 이야기할 때 저의 어릴 적 기억들이 떠올랐습니다.

"여자애가 깔끔하게 정리도 좀 하고 그래야지."
"여자애가 왜 그렇게 선머슴처럼 짧은 머리를 하고 있니?"
"엄마 오늘 늦게 오니까 오빠랑 남동생 밥 잘 챙겨 줘."

한 개인으로 존중받지 못하고 그저 여자니까 이러저러해야 한다는 이야기는 저를 많이 힘들게 했었습니다. 그래서 규민이의 속상한 마음을 충분히 느낄 수 있었습니다. 규민이에게도 자기가 잘하는 점을 찾아 주고 싶었습니다.

"우리 규민이 속상했겠다. 남녀를 떠나 운동을 좋아하고 잘하는 사람도 있고 별로 좋아하지 않고 잘 못하는 사람도 있는 거지. 친구들이 그런 점을 놓치고 그렇게 말했구나. 규민이는 운동보다 더 특별히 좋아하고 잘하는 것도 있는데 친구들이 그걸 몰랐나 보네." 하고 말하자 "나는 코딩은 아주 잘하잖아. 아무도 나를 못 따라와요."라고 말합니다. "맞아. 저번에 네가 만든 게임도 정말 재미있었어."라고 했더니 그제야 마음이 좀 풀린 듯 웃습니다.

규민이가 겪거나 본 차별은 어떤 것들이 있었는지 묻자 너무나 다양한 차별 경험을 이야기하며 그때의 속상했던 마음을 한풀이하듯 풀어놓습니다. 또한 자신이 당한 것은 아니지만 키 작고 얼굴이 못생겼다며 "넌 나중에 애인도 없을 거야."라며 놀리는 친구, 뚱뚱하다며 다이어트 좀 하라고 말하는 친구, 피부색이 조금 까무잡잡한 친구를 보며 "네 부모님 한국 사람 아니지?" 하고 물어보는 친구도 보았다고 했습니다.

규민이 친구 도현이는 유치원에서 남자가 분홍색 바지를 입었다고 놀림을 받은 이후 5학년이 된 지금까지 파란색과 남색 옷만 입는다고 합니다. 만약 규민이가 일곱 살로 돌아가서 놀림을 받는 도현이를 만난다면 어떤 말을 해 줄 수 있을지 물어보았습니다.

"도현아, 우리는 우리가 원하는 옷을 입을 권리가 있어. 남자, 여자가 입을 수 있는 색이 따로 정해져 있는 건 아니야. 그런 걸로 놀리는 건 그 친구들이 잘못하는 거야. 난 지금 이대로도 네가 참 좋아."

규민이는 "엄마, 그런데 사람들은 다 소중하고 존중받아야 한다고 말하면서 왜 그렇게 차별을 할까요? 아이들은 누구한테 배운 걸까요?"라고 묻습니다. 그 순간 여러 가지 생각이 스쳐 갑니다. 저도 우리 사회에서 교육받고 성장했습니다. 우리 아이도 그렇다는 생각이 들자 어른들이 별생각 없이 드러내는 고정관념과 편견이 아이들에게 얼마나 많은 영향을 주는지 다시 한번 생각해 보게 되었습니다.

⧖ 아동 인권 한 스푼

'모든 사람은 평등하며 누구도 차별해서는 안 된다'는 것은 현대인이라면 누구나 인정하는 가치입니다. 그런데 우리 사회 전반을 돌아보면 보이지 않는 다양한 계급과 직간접적인 차별이 존재하고 있다는 것을 느낄 수 있습니다.

세계 인권 선언

제1조

모든 인간은 태어날 때부터 자유로우며 그 존엄과 권리에 있어 동등하다. 인간은 천부적으로 이성과 양심을 부여받았으며 서로 형제애의 정신으로 행동하여야 한다.

제2조(일부)

모든 사람은 인종, 피부색, 성, 언어, 종교, 정치적 또는 기타의 견해, 민족적 또는 사회적 출신, 재산, 출생 또는 기타의 신분과 같은 어떠한 종류의 차별이 없이, 이 선언에 규정된 모든 권리와 자유를 향유할 자격이 있다.

'인권의 바이블'로 불리는 세계 인권 선언을 부정하는 사람은 없을 것입니다. 하지만 "선언의 내용을 잘 실천하고 계십니까?"라고 물어본다면 여러분은 어떻게 답하시겠습니까? 차별 경험에 대한 아이의 이야기를 듣고 부끄러운 생각이 들었던 이유는 '차별적인 언어를 쓰고 놀리는 행동을 했던 아동들의 생각과 행동에 영향을 준 사람은 누구일까?'라는 질문이 떠올랐기 때문일 것입니다.

성별에 따른 선호 색과 역할 규범을 아이들은 어디서 배웠을까요? 가정에서, 어린이집에서, 학교에서, 지역 사회에서, 아동들이 접하는 많은 영상 매체에서 배우지 않았을까요? 의도하지는 않았지만 혹시 차별의 씨앗을 아이에게 주고 있지는 않았는지 우리의 일상을 돌아보고 반성해야 할 부분을 찾아보아야 합니다. 우리 모두 아동에게 영향을 미친 사람들 중 한 명일 수 있습니다.

2021년 국가인권위원회에서 진행한 〈국가 인권 실태 조사〉 결과를 보면 '인권 침해가 심각하다'(41.8%)보다 '차별이 심각하다'(47.4%)로 답한 사람들이 더 많았습니다. 차별에 대한 대응은 소극적인 것(72.8%)으로 조사되었고, 응답자의 50% 정도는 TV·라디오와 포털 및 커뮤니티, 인터넷 방송 등을 통해 혐오 표현을 접한 경험이 있다고 답했습니다.

우리 역시 같은 내용의 TV·라디오 프로그램을 보았을 것이고 포털 및 커뮤니티에서 활동했을 수 있습니다. 그렇기에 인권에 대한 민감성을 갖고 일상을 돌아보지 않았다면 나도 모르는 사이에 자연스럽게 여러 이유(경제적 빈곤층, 장애인, 이주민, 성별, 학력, 종교, 외모, 신체 조건, 민족, 국가, 결혼 여부, 가족 형태, 성적 지향 등)로 차별과 혐오의 씨앗을 아동들에게 전달하고 그 싹을 틔웠을 수 있습니다. 우리 자녀들이 어떤 세상에서 살면 좋을까요? 차별로 가득 찬 세상에서 살게 하고 싶은 부모는 없겠지요.

"남자애가 맨날 거울만 보고 외모만 신경 쓰니? 나가서 운동 좀 해라."

"여자애가 왜 사내처럼 짧은 머리를 하고 다니니?"

"그렇게 공부 안 해서 대학 못 가면 너 어떻게 사람 구실 할래?"

"어머, 지방대 다녀? '인 서울' 해도 취업이 어려운데……."

"조그만 게 웃기지도 않네. 알지도 못하는 게…… 어른이 시키면 좀 들어."

"남자는 키지! 키 커서 좋겠다. 우리 아이도 키 크면 좋겠는데, 아빠가 작아서…….."

"어디 살아요? 강남? 부자신가 봐요."

"아직 장가를 못 갔어? 베트남 여자라도 찾아봐야 하는 거 아니야?"

"중국 놈들은 뭐만 하면 다 지들 거래."

"결혼 안 했는데 애가 있대. 어떡하니? 고등학교 때 사고 쳐서 아이를 낳았다나 봐."

"나 '요린이'잖아…… 요리 잘 못해."

이런 말들은 걱정, 관심의 표현이 아닙니다. 차별과 혐오의 말입니다.

성인들이 다양성을 존중하고 인간 그 자체를 존중하며 그것을 실천하는 삶을 살고 있다면 아동들은 무엇을 배울까요? 나와 취향, 외모, 피부색 등이 다르다고 해서 그것을 놀리는 행동은 차이를 인정하지 않는 행동이라는 것을 알려 준다면 아동들은 어떤 성인으로 성장할까요? 차별에 대한 이야기를 할 때 자신이 겪은 차별 경험보다 역사적 사건들을 예로 이야기하고 있지는 않나요? 차별은 과거가 아니라 현재에도 엄연히 존재합니다. 아이들이 사람을 있는 그대로 인정하고 존중하는 성인으로 성장하기 위해 우리는 무엇을 해야 할지 생각해 봐야 합니다.

애들은 들어오지
말란 말이야!

'노 키즈'가 '노 답'인 희민, 희라 맘

왜 '맛집'에서는 애들한테 파스타를 안 팔
까요?

아동 권리부터 챙기는 현 강사

아이들도 파스타를 좋아하는데 그런 가게가
있다니 안타깝네요.

'노 키즈'가 '노 답'인 희민, 희라 맘

꼬맹이들이 시끄러워서 그렇다네요. 이제 애
들 때문에 '맛집'도 제대로 못 가요.

아동 권리부터 챙기는 현 강사

자신의 권리를 주장하는 듯하지만 사실 차별
인데 그런 생각을 못 하는 사람들도 있답니다.

주말에 온 가족이 파스타 '맛집'을 찾아갔다가 문전박대를 당했어요. 예전에 갔을 때는 분명 아무런 조건이 없었는데, 그사이에 '노 키즈 존'이 되었다는 거예요. 살펴보니 손님이 많지도 않고, 잘 이야기하면 될 것도 같았어요. 그런데 멀리서 찾아온 거고 아이들도 식사 매너를 잘 지키고 얌전한 편이라고 했는데도 몸집이 작은 두 아이를 보더니 13세 미만은 출입할 수 없다고 딱 잘라 말하더군요. 자리가 없는 것도 아닌데 너무한다 싶기도 하고, 빨리 다른 데로 갈 걸 괜히 물어봤다 싶었습니다.

남편은 "제대로 좀 알아보고 왔어야지. 당신이 잘못한 거네."라고 구시렁거리더니 "이 꼬맹이들 때문에 밥도 제대로 먹고 다닐 수가 없어." 하면서 핀잔을 주었습니다. 아이들한테 왜 그딴 식으로 말하냐고 쏘아붙이니 분위기가 냉랭해졌습니다. 다른 곳에 가서 파스타를 맛있게 먹기는 했지만, 바로 다른 곳을 찾지 않던 저 자신이 미웠고, 아이들 탓을 하는 남편도 미웠어요. 아이들은 아이들대로 엄마 아빠가 자기들 때문에 싸운다고 생각하는 것 같아서 엉망진창인 외식이었습니다.

✳ 사례의 재발견

우리 가족은 아홉 살 희민이랑 여섯 살 희라, 남편, 저 이렇게 넷입니다. 지난주에 아이들 외할머니, 외할아버지를 모시고 다른 도시로 여행을 다녀왔어요. 어른들 입맛을 신경 쓰느라 여행 내내 한식 위주로 먹었는데 마지막 날, 아이들이 파스타를 먹고 싶어 했던 게 생각이 나서 파스타 가게를 가기로 마음먹었습니다.

작년에 남편과 단둘이 갔던 한 식당을 검색하고 남편에게도 물어보았어요. "여보, 여기 생각나? 파스타 괜찮았지?" 하니까 아이들이 먼저 핸드폰을 뺏어다가 사진을 넘겨 보더니 호들갑입니다. 이제 좀 컸다고 '뷰 맛집'이네, 별점이 어떠네 하면서 벌써 기대가 가득합니다.

놀이공원에서 한바탕 놀고 출출한 배를 부여잡으며 파스타 가게에 도착했는데 출입구에 '13세 미만 아동 출입 금지'라고 쓰여 있었어요. 그 순간 너무 당황스러웠습니다. 남편이 "지난번에는 이런 안내 못 본 거 같은데 언제부터 노 키즈 존이 되었지?" 하고 말하자 희라가 대뜸 노 키즈 존이 뭐냐고 묻더니 빨리 들어가서 먹자고 합니다.

남편은 "여기 사장님이 너 같은 꼬맹이들이 시끄럽게 구니까 못 들어오게 하는 거야."라고 하니까 희민이가 "희라는 얌전하고 밥 먹을 때 돌아다니지도 않는데요." 하고 편을 듭니다. "당신이 그렇게 말하면 아이들이 잘못한 것도 없는데 자기 탓을 해야 되잖아. 이따가 제대로 설명해 줍시다. 얘들아, 이 식당의 규칙이니까 일단 따라야 해. 오늘은 다른 곳에서 먹자."라고 말했어요. 급한 대로 다른 식당에 가서 파스타를 먹으면서 노 키즈 존에 대해 같이 이야기를 나누었어요.

희민엄마   노 키즈 존은 왜 만든 걸까?

희민   아이들이 식당에서 밥을 안 먹고 뛰고 돌아다녀서 그러는 거예요.

희라   그럼 나는 안 돌아다니는데 왜 못 들어간 거야?

희민   야, 그걸 어떻게 믿냐? 그리고 아기들이 식당에서 큰 소리로 울면 어떡해?

희라   우는 애는 안아 주면 되지. 맛있는 것도 먹이고.

희민   야, 다른 손님들한테 방해되니까 애들을 싫어하는 거야.

희라   나는 어른이 안 싫은데 왜 어른은 내가 싫지?

희민이는 다른 사람들 입장은 잘 이해하는데 정작 자기 권리에 대해서는 인식이 부족해 보였습니다. 반면 희라는 이 상황이 아예 이해되지 않는 모양이었습니다. 공공장소에서 지켜야 할 예절도 가르치고, 아이들의 권리도 지켜 주고 싶었습니다.

희민엄마   식당은 손님들이 많이 오니까 큰 소리로 떠들거나 함부로 돌아다니면 방해가 되는 건 사실이지. 뜨거운 음식도 있고, 만지면 위험한 물건도 있으니까 조심하면 좋겠다.

희민 그럼, 노 키즈 존은 어쩔 수 없는 거네요. 식당에서는 사고 나면 큰일이잖아요?

희민엄마 하지만 식당에 오는 모든 손님은 다 똑같은 사람이야. 어리다는 이유만으로 못 오게 하는 건 잘못된 일이고, 그런 걸 차별이라고 한단다.

희민 그럼 아이들 때문에 불편한 사람들은 어떡해요? 돈이 아깝잖아요?

희민엄마 어른들이 편안하게 밥을 먹고 즐길 권리도 중요하지만 아이들이 식당에 자유롭게 들어갈 권리가 더 중요한 거란다. 어른이 아이를 보호해야지. 어른들을 위해서 아이들더러 희생하라고 할 수는 없는 거 같은데?

희민이는 그제야 "아, 그렇구나." 하더니 그것을 모르고 아이들을 못 오게 하는 어른들이 있다는 것이 이상하다고 갸우뚱합니다. 희민이도 나도 아직 부당한 차별에 나서서 반대하고 세상을 바꿀 힘은 부족합니다. 그러나 차별을 인식하는 것만으로도 큰 성과가 있는 하루였습니다.

⧗ 아동 인권 한 스푼

2017년 국가인권위원회는 파스타, 스테이크 등 아동들이 선호하는 음식을 판매하는 모 식당에서 13세 이하 아동의 이용을 일률적으로 제한하는 것을 나이로 인한 차별 행위로 판단했습니다. "무례한 행동으로 타인에게 피해를 주는 다른 이용자들도 있겠지만 식당 이용을 전면적으로 배제하는 것은 일부의 사례를 객관적·합리적 이유 없이 일반화한 것에 해당한다."라며 사업주에게 향후 그 식당의 이용 대상에서 13세 이하 아동을 배제하지 말 것을 권고한 바 있습니다.

노 키즈 존은 국가인권위원회법 제2조 3항의 평등권 침해의 차별 행위에는 해당되지만, 상위 법률인 헌법 제15조에서 '영업의 자유'를 명시하고 있어 위법이라고 볼수는 수 없는 상태입니다. 그래서 노 키즈 존을 할지 말지는 어디까지나 사업주의 판단에 맡겨져 있습니다. 구글 지도에서 제공하는 노 키즈 존 지도에 따르면 2017년 240여 곳이었던 노 키즈 존이 2022년 5월 기준, 432곳으로 확산되었습니다. 그만큼 노 키즈 존을 선호하는 사람들이 있어서 일어나는 현상일 것입니다. 실제로 2021년 한국리서치의 '노 키즈 존 허용 여부 여론 조사'에서는 71%의 사람들이 노 키즈 존의 손을 들어 주기도 했습니다. 조용하고 쾌적한 서비스를 누리고 싶은 성인들의 요구와 어린이 안전사고에 대한 우려로 노 키즈 존을 설정할 권리를 주장하는 것입니다.

노 키즈 존은 아동 보호와 발달의 권리를 침해합니다. 아동의 출입을 금하는 것은 그 자체로 차별입니다. 공공의 장소는 모든 사람을 위해 열려 있어야 하기 때문입니다. 식당도 카페도 정당한 대가를 지불하면 누구나 서비스를 누릴 자격이 있는 시설이므로 아동들도 입장할 권리가 있습니다. 아동으로 인해 문제가 발생한다면 관리 보호가 미흡한 성인에게 책임을 묻는 것이 타당할 것입니다. 특정 사람에게만 보장되는 공간은 가진 사람만 누릴 수 있게 만드는 반칙과 특권이며, 시민으로서 함께 존재하고 누릴 수 있는 기본적인 권리를 침해하는 것임을 인식해야 합니다.

유엔 아동권리위원회의 한 위원은 "전반적으로 한국은 아동을 혐오하는 국가라는 인상을 받았다. 국가·교사·미디어 등으로부터 고통받는 아동이 있는데 왜 아무도 아동의 편에 있지 않느냐?"라는 뼈아픈 발언을 했습니다. 노 키즈 존은 아이를 데리고 다니는 양육자만 경험하는 생활 속 작은 불편이 아닌 아동 권리의 문제입니다.

혹자는 "노 키즈 존 싫으면 예스 키즈 존 가면 된다."라며 이것이 선택의 문제라고 합니다. 그러나 문제는 '혐오'에 있습니다. 노 키즈 존은 아동의 특성인 미숙함을 싫어하고 배제해도 된다는 혐오의 표현입니다. 그래서 아동의 편에 서서 이를 단호히 거부하는 태도가 필요합니다. 차별과 배제를 경험한 아동들이 자라서 우리 사회에서 어떤 모습으로 살아가게 될 것인지 생각해 보아야 합니다.

멋에 살고
멋에 죽는 아이

'폼생폼사' 까칠이 주은 맘

아이가 아침에 옷이란 옷은 다 꺼내서 입었다가 벗었다가 합니다. 오늘도 방을 폭탄 맞은 곳으로 만들어 놓고 학교에 갔어요.

아이와 씨름의 달인 손 강사

자신이 멋져 보이기를 바라나 봅니다.

'폼생폼사' 까칠이 주은 맘

방학하면 네일 아트랑 염색을 하겠다고 난리예요. 하라는 공부는 안 하고 왜 저러나 모르겠어요. 매니큐어랑 염색약이 얼마나 독한데.

아이와 씨름의 달인 손 강사

외모에 특별히 신경 쓰는 이유가 있지 않을까요? 아이의 이야기를 들어 보고 부모님의 걱정도 표현해 보세요.

제 딸 주은이는 6학년이 되고부터 부쩍 외모에 신경을 씁니다. 아침에 밥도 안 먹고 샤워하고 머리 손질하고, 옷을 입었다 벗었다 하며 한 시간도 넘게 학교 갈 준비를 합니다. 아침마다 지각할까 봐 조마조마해요. 학교 가고 나서 아이 방에 들어가 보면 폭탄을 맞은 것처럼 난장판이에요. 옷이란 옷은 다 꺼내 입어 본 모양입니다. 하라는 공부는 뒷전이고 이렇게 외모에만 신경 쓰다니 정말 맘에 들지 않아요. 얼마 전에는 큰맘 먹고 백화점에서 블라우스와 바지를 사다 줬더니 자기 스타일이 아니라며 환불해 달라는 거예요. 정말 화가 났지만 거기까지는 참았어요.

어제는 방에 금발 염색약과 네일 아트 재료들이 있길래 "학생이 공부를 해야지. 연예인도 아니고 무슨 염색이야?" 하고 따져 물었어요. 그러자 주은이는 방학 동안만이라도 자기가 좋아하는 머리 스타일을 해 보겠다며 "내 머리를 갖고 내가 염색을 하겠다는데 왜 엄마가 참견"이냐며 문을 쾅 닫고 방으로 들어가 버렸습니다. 초등학생이 벌써부터 외모에만 저렇게 치중하는 것도 걱정이고 아직 한참 더 성장해야 하는데 염색약과 매니큐어의 독성이 아이에게 어떤 영향을 미칠까…… 이래저래 걱정이 태산입니다.

✸ 사례의 재발견

엄마가 사다 주는 옷 입고, 수수하게 공부에만 집중하던 주은이의 변화에 우리 가족은 당황스럽습니다. 미디어에 많이 노출되니 TV 속 아이돌과 연예인을 동경하고 그들의 외모와 행동을 따라 하고 싶어 하는 것은 어쩌면 자연스러운 일인지도 모릅니다. 날씬하고, 얼굴이 작아야 하고, 눈은 커야 하고…… 사람을 평가하는 데 외모가 절대적 기준이라 여기게 되면 여러 가지 문제 행동을 하게 되는 것 같아요.

저는 교직 생활을 하고 있는데 간혹 학교에서 점심시간에 다이어트를 한다고 끼니를 굶는 학생을 보게 됩니다. 사실 말랐는데도 자기가 뚱뚱하다며 굶는 아이들을 보면 평생 건강을 해치고 아플까 봐 너무 걱정됩니다.

주은이가 외모에 과하게 집착하는 것을 보니 제가 가끔 주은이에게 "그만 좀 먹어라." "왜 이렇게 살쪘니? 그러다 굴러다니겠다."라면서 무심코 던졌던 외모 평가의 말들이 아이에게는 자기 몸에 대한 부정적인 인상을 형성하는 데에 영향을 미쳤을 수도 있겠구나 싶었습니다. 또 한편으로는 한창 '폼생폼사'가 중요할 때니 주은이가 외모에 신경 쓰는 것을 비난해서는 안 되겠다는 생각을 하게 됐습니다. 주은이가 자신이 정말 소중한 존재이자 특별한 사람임을 알고 외모에 필요 이상으로 집착하지 않도록 엄마로서 무엇을 할 수 있을까요?

"엄마도 더 멋진 주은이가 되는 걸 돕고 싶어."
"이게 요즘 핫한 패션 트렌드라는데 너는 어떤 스타일을
좋아하니?"
"아침에는 바쁘니 학교에 뭘 입고 갈지 전날 저녁에 미리
골라 볼까?"

주은이가 자신의 개성을 실현할 권리는 자신이 좋아하는
과목을 선택하고 원하는 동아리 활동을 하는 것처럼 '주은이답
기' 위한 권리 중 하나입니다. '학생은 이래야 한다'는 편견에 사
로잡혀 있다 보면 아이를 통제하고 간섭하면서 자칫 개인의 개
성 실현 욕구나 사생활을 침해할 수 있다는 생각이 들었습니
다. 이런 생각에 이르기까지 많은 갈등이 있었지만 최근에는 주
은이가 어떤 연예인에게 관심을 갖고 있는지, 최신 유행하는 패
션 스타일이 무엇인지, 드라마 속 연기자의 헤어스타일은 어떤
지, 요즘 관심 있는 패션 트렌드가 뭔지…… 서로 생각을 말하
다 보니 어느 날은 학원에 가면서 자기에게 어떤 옷이 더 잘 어
울리는지 물어보기도 했습니다. 때로는 대학가 앞에 가서 같이
쇼핑하며 수다를 떨기도 합니다. 그러다 보니 요즘 관심을 갖게
된 같은 반 남학생이 있다는 것도 알게 되었답니다. 이제 우리는

좀 더 친한 모녀가 된 것 같아요. 또 아침에는 등교 준비에 바쁘니 내일 입을 옷을 전날 저녁에 미리 준비해 두자고 했더니 아침마다 학교에 지각할까 허둥지둥하는 일도 많이 줄었답니다.

생각을 조금 바꿨을 뿐인데 아이의 마음을 얻은 것 같은 기분이에요. 다음에는 염색에 대한 제 생각도 이야기해 봐야겠어요.

"엄마는 염색 자체를 반대하는 것이 아니야. 염색약이 피부에 좋지 않아서 네 건강을 해칠까 걱정하는 거란다."

"방학 때만 한다는 걸 보니 조금은 안심이 되네. 금발이 엄마 스타일은 아니지만 네가 어떻게 변할지 기대되는 걸!"

⧗ 아동 인권 한 스푼

'외모 지상주의'라는 말은 외모가 개인의 우열뿐만 아니라 인생의 성패까지 좌우한다고 믿는 사회 풍조를 말합니다. 이 외모 지상주의가 많은 사회 문제를 야기하고 있습니다. V 라인, S 라인, 착한 몸매, '얼짱'…… 이런 신조어들이 만들어 지기도 했습니다.

청소년에게 인기 있는 아이돌은 하나같이 날씬하고 오똑한 코에 눈이 큽니다. 많은 사람이 그 모습을 미의 기준이라 생각합니다. 그런 모습을 갖기 위해 남녀노소 할 것 없이 다이어트를 하고 운동을 합니다. 몸이 그 기준에 못 미치면 게으른 것, 관리를 안 하는 것으로 생각합니다. 이제 외모는 그 사람의 능력이나 사회 경제적 지위와 배경을 반영하는 기준까지 되어 가고 있습니다. 날씬한 몸에 대한 강박으로 인해 섭식 장애를 겪는 청소년들도 늘어나는 안타까운 상황입니다. 이 모든 것은 건강한 생명, 생존과 발달의 권리를 위협합니다. 이런 풍토 속에서 외모에 신경 쓰는 아이에게 "넌 왜 하라는 공부는 안 하고 매일 거울만 들여다보고 있니?"라면서 무조건 비난만 한다면 아이가 부모의 마음을 수용할까요? 강력한 외모 압박으로부터 자유로워질 수 있는 마음의 힘을 기르는 것이 필요하다 생각됩니다. 아이를 나무라기 전에 있는 그대로의 나 자신을 사랑하고 가꾸어 갈 수 있는 마음을 길러 주어야 합니다. 아이돌이 미의 기준이 되어 마른 몸을 갖기 위해 무리한 다이어트를 하는 것이 어떤 의미인지 같이 이야기를 나누어 보면 좋겠습니다.

"마음과 몸이 성장하고 있는 네가 날씬한 몸매를 위해 극히 제한된 칼로리만 먹는다면 건강에 어떤 문제가 생길까?"
"아름다움의 기준은 시대별로 상황별로 변하는데 바비 인형처럼 날씬한 몸을 갖기 위해 평생을 사용할 내 몸에 해가 되는 것을 할 만큼 날씬한 몸의 가치가 큰 것일까?"
"보이는 몸이 아닌 내면의 소리에 더 귀 기울이는 시간을 가져봐."

〈스트리트 우먼 파이터〉라는 프로그램에서 한 안무가는 자신이 키 163cm에 60kg이 넘는다고 소개했습니다. "저는 애초에 길쭉길쭉한 마름을 포기했어요. 저는 엉덩이가 커서 오리 궁둥이란 놀림을 많이 받았는데 지금은 그게 예쁜 거잖아요. 이렇게 시대에 따라서 몸의 기준이 바뀌는데 마른 몸의 기준을 무조건 따라가는 건 무의미하다는 생각이 들어요. 분명히 저는 가지고 태어난 게 있는데 그걸 예쁘게 가꾸는 게 더 낫지 않을까요?"

친한 가족끼리 '예쁘다' '날씬하니까 옷 태가 다르다' 등 수시로 내뱉는 '얼 평' '몸 평'은 외모 비하가 아니고 칭찬이니까 괜찮은 걸까요? 외모에 대한 언급은 그 자체로 누군가가 자신의 얼굴과 몸을 지켜보고 있다는 것을 자꾸 의식하게 하여 사람을 불편하게 만듭니다.

외모는 대부분 선천적입니다. 피부색, 키, 체형, 눈의 크기 등은 모두 선천적 요인이 크게 작용합니다. 미디어에서 보여주는 연예인들을 미의 기준으로 삼아 그들이 '정상의 몸'이라고 생각하면, 누군가를 비정상적이라 평가하는 일, 기준에 못 미치는 사람들을 배제하는 일이 생길 수 있습니다. 이것은 각각의 고유한 존재를 부정하는 차별 행위입니다.

유튜브가
뭐길래

뒤통수 맞고 '압수 수색'한 보검 맘

우리 가족은 일주일에 한 번 한 시간 동안 유튜브를 보는 게 규칙이에요.

솔루션을 찾아보는 현 강사

요즘이 어떤 세상인데, 보통 그보다는 많이 보지 않나요?

뒤통수 맞고 '압수 수색'한 보검 맘

스마트폰 중독이 얼마나 위험한데요. 문제는 그게 아니라 아이가 약속해 놓고는 오랫동안 저를 속이고 몰래몰래 보고 있었다는 거예요. 엄마의 뒤통수를 치다니…….

솔루션을 찾아보는 현 강사

아이가 약속을 안 지키고 속여서 화가 나셨군요. 어떤 상황인지 이유를 들어 보고 나서 해결책을 찾아보아요.

뒤통수 맞고 '압수 수색'한 보검 맘

급한 대로 스마트폰은 압수했어요. 일단 스마트폰에서 떨어뜨려 놓는 게 급선무잖아요?

보검이는 아홉 살입니다. 우리 집에는 반드시 지켜야 하는 규칙이 있어요. 그중 하나가 유튜브 시청은 일주일에 한 번, 한 시간씩만 하는 거예요. 처음에는 아예 유튜브를 금지했더니 아이가 "다른 친구들은 다 보는데 왜 나만 못 봐?"라며 속상해하길래 스마트폰 중독이 얼마나 위험한지 말해 주고 합의를 했어요. 넋 놓고 그냥 둘 수는 없잖아요? 그때 분명 보검이도 동의했고, 한동안 잘 지키는 것 같았어요.

그런데 어제저녁에 남편이 저를 부르더니 아이 스마트폰과 연동된 PC에서 유튜브 시청 기록을 보여 줬어요. 유튜브를 보는 날이 아닌데도 만화부터 성적인 느낌이 드는 영상까지 이삼일 만에 100편도 넘게 봤더라고요. 뒤통수를 맞았다는 생각에 나도 모르게 눈물이 났어요.

아이를 불러서 "너, 오늘이 처음 아니지?" 하고 물었더니 "엄마 주무실 때 방에서 매일 봤어요."라고 합니다. "오늘부터 당장 스마트폰 압수야. 이리 내놔!" 했더니 아이는 눈빛으로 레이저를 쏘아 대더군요. 하지만 자기도 할 말이 없는지 순순히 내놓았습니다. 그래도 속은 것이 분해서 참을 수가 없었어요. 완전 괘씸죄예요. 어떻게 그렇게 감쪽같이 부모를 속일 수 있죠? 커서 뭐가 되려고 이럴까요?

✹ 사례의 재발견

저희 부부는 아날로그 가족을 꿈꾸고 있어요. 디지털 세상으로 바뀌는 것이 꼭 행복한 것만은 아닌 것 같거든요. 유튜브에 중독된 사람들도, SNS에 행복한 사진을 올리려고 열을 내는 사람들도 안타까워 보일 때가 많습니다. 그래서 저녁 식사 후에는 가급적 아이들과 산책이나 보드게임을 하면서 알차게 보내려고 하지만 쉽지는 않네요. 이미 스마트폰이 우리 삶 깊숙이 들어와 있어서 이것저것 검색하고 장도 보고 '카톡'을 하다 보면 어느새 폰과 함께 시간을 보내고 있습니다.

우리 보검이는 유튜브 보는 걸 진짜 좋아해요. 어려서부터 우리와 다른 삶을 살아서 그런지 궁금한 모든 걸 스마트폰으로 해결하려고 듭니다. 모 유튜버는 보검이가 세상에서 제일 좋아하는 사람이기도 해요.

일주일에 한 시간만 유튜브를 보게 한 것은 보검이와 함께 정한 규칙은 아닙니다. 진정한 동의가 아니었던 거죠. 저는 폰에 중독될까 봐 부모로서 당연히 통제해야 한다고 생각해서 정했는데, 아이에게는 그 시간이 너무 짧았던 것 같아요. 그 시간 외에는 아예 폰을 만지지도 못하게 했으니, 아이가 몰래 보는 것은 어쩌면 당연한 일인지도 모르겠습니다.

남편이 보검이 유튜브 시청 기록을 보여 줬을 때 처음에는 아이가 우릴 속이고 뒤통수를 쳤다는 생각에 너무 기가 막혔습니다. "너, 오늘이 처음 아니지?" 하고 다그쳤더니 "엄마 주무실 때 방에서 매일 봤어요."라고 순순히 말합니다. '아이고, 그렇다고 변명도 안 하고 바로 불어 버리냐? 이렇게 순해서 이 험한 세상을 어떻게 살래?' 하고 기운이 빠지면서도 피식 웃음이 났습니다. 오히려 밤늦게 이불 속에서 보느라 눈도 같이 나빠졌겠다 싶어 그게 더 걱정되었습니다.

속상한 마음을 달래려고 언니한테 전화해서 사정을 설명했어요. 언니는 기가 차다는 식으로 "얘, 너라면 그 재미있는 걸 일주일에 한 번만 보고 싶겠니? 왜 그렇게 아이 마음을 몰라. 그정도로 꽉 막힌 줄 몰랐다." 하면서 저희 부부더러 너무 팍팍하게 군다고 야단을 칩니다. 그러다 사춘기라도 와서 방문 걸어 잠그고 들어가면 보검이랑도 영영 끝나는 거래요. 그제야 아차 싶었습니다. 잘 보호해야겠다는 마음에 너무 몰아붙였나 봅니다. 남편에게 말했더니 보검이가 사람을 친 것도 아니고, 물건을 훔친 것도 아닌데 무조건 못 하게 하지 말고 시간을 좀 더 늘려주자고 합니다.

맞아요. 세상에 절대로 안 되는 것이 얼마나 있겠어요. 사람이 꼭 결심한 대로 살아지는 것도 아니고요. 보검이가 숨어서 몰래 할 정도로 너무 엄격하게 규칙을 세웠나 봅니다. 보검이 이야기를 들어 보고 서로 한발씩 양보할 수 있는 선을 잘 정해야겠어요. 어차피 평생 24시간 아이들을 통제하고 감시할 수 있는 것도 아닌데 스스로 조절하는 힘을 기르는 게 필요하겠죠? 그동안 어려웠던 점을 잘 정리하고 다른 해결책을 찾는 것이 좋겠습니다. 그래야 앞으로도 문제가 생기면 숨기지 않고 의논할 수 있지 않을까요?

> "스마트폰 사용 규칙을 정한 건 너를 위한 일이었는데 넌 보고 싶은 게 많아서 지키기가 어려웠겠다."
> "어두운 곳에서 보느라 눈이 나빠졌을까 봐 걱정돼. 아무리 보고 싶어도 어두운 데서 보는 것은 정말 안 된다."
> "스마트폰 사용 규칙에 대한 아이디어 회의를 해 보자. 이 문제에 대한 네 생각을 들어 보고 싶어."

⚖ 아동 인권 한 스푼

아동에게 스마트폰은 어떤 것일까요? 손가락 터치 하나만으로 다른 세상으로 쑥쑥 들어갈 수 있는 곳. 온갖 정보와 재미있는 콘텐츠가 넘쳐 나고, 전 세계 누구와도 자유롭게 연결될 수 있는 곳. 스마트한 디지털 세상은 아동들에게 너무나도 매력적입니다.

디지털화는 피할 수 없는 시대적인 흐름이며, 디지털 세상에 익숙한 아동에게 스마트폰을 금지하거나 최소한의 사용을 강요하는 것은 해법이 될 수 없습니다. 오히려 디지털 환경에서 안전한 정보에 접근할 권리, 서비스 이용에서 배제되거나 개인 정보를 침해당하지 않을 권리, 디지털 격차를 해소할 권리 등을 갖도록 해야 합니다. 디지털 환경 또한 아동 친화적이어야 한다는 뜻입니다. 이는 아동의 안전한 디지털 이용을 위해서 성인들이 노력하고 보호해야 할 측면입니다.

가족 안에서 자녀와 규칙을 만들 때는 협상 가능한 영역과 협상 불가능한 영역이 있음을 떠올려 보세요. '아무리 화가 나도 동생을 때려서는 안 된다' '찻길로 뛰어들면 안 된다' '위험한 약물을 먹어서는 안 된다' '낯선 사람을 따라가서는 안 된다'와 같이 아동의 건강과 안전을 위협하는 일, 법에 크게 위배되는 일에 대해서는 협상 불가능한 선을 정확하게 그어 주는 것이 필요합니다. 그래야 아동도 '나를 안전하게 돌봐 주는구나. 이건 나를 위해 꼭 지켜야 해.' 하면서 안정감을 가질 수 있습니다. 영아들은 베란다에서 노는 것이 위험하지만 청소년은 베란다에서 창문 밖을 내다보면서 경치를 구경할 수 있는 것처럼, 아동이 성장할수록 협상의 영역은 넓어질 수밖에 없습니다. 아이의 용돈이나 잠자리에 드는 시간, 음식을 남기는 것, 집안일을 나누는 것 등 연령에 따라 계속 규칙이 조절되어야 하는 영역도 존재합니다.

스마트폰은 건강하게 사용하는 것이 중요하기 때문에 얼마나 사용했는지보다 그만두어야 할 상황에서 멈출 힘이 있는지를 살펴야 합니다. 두 시간을 사용하고도 그만하라고 할 때 불같이 화를 내면 위험한 신호이고, 한 시간을 사용하고도 규칙에 따라 쿨하게 끌 수 있다면 조절이 가능한 정도라고 할 수 있습니다. 그래서 적절한 규칙으로 행동을 유도하는 것이 도움이 됩니다. 그때의 규칙은 자발적이어야 납득이 되고, 유지할 힘이 생깁니다. 규칙을 정할 때는 협상을 잘해야 합니다. 협상이 아이가 하고 싶은 대로 다 허용받는 최상의 경험은 아니더라도 서로 한발씩 양보해 차선을 선택하는 경험이 되도록 해 주세요.

아동들에게 연령은 발달을 가늠하는 중요한 잣대입니다. 누군가는 스마트폰의 자극이 마약만큼 강력한 것이라고 합니다. 2019년 세계보건기구(WHO)에서는 2~4세 아동은 하루에 한 시간 이상 전자 기기 화면을 지속해서 봐서는 안 되고, 1세 이하는 아예 전자 기기 화면에 노출되는 일이 없도록 해야 한다고 권고했습니다. 대만에서는 2세 이하 영아의 디지털 기기 사용을 금하고, 아동·청소년이 과몰입하면 보호자에게 벌금을 부과하기도 합니다. 스마트폰 과의존은 아동이 아닌 보호자의 책임이라는 것입니다. 스마트폰에 과몰입, 과의존하지 않도록 아동에게 관심을 가지고, 함께 시간을 보내고, 생활을 개선하는 것이 필요합니다.

나는 '주린이'
너는 '요린이'?

'요린이'가 멋져 보이는 주리 아빠

'린이'가 붙은 말은 혐오 표현이라는데 별걸 다 따지는 거 아닌가요?

귀여운 줄임 말을 좋아하는 주리 엄마

귀여운 말이라고 생각해요. 요즘 저도 새로 주식 투자를 배우는 '주린이'예요.

혐오를 혐오하는 희 강사

'~린이'가 '어린이'에서 따온 말이라는 거 아시죠? 처음 시작하거나 초보 수준일 때 '~린이'를 붙이는데 그렇다면 어린이는 항상 미숙하고 부족한 사람일까요?

아파트 엘리베이터 안에 '요린이' '주린이'처럼 '린이'가 붙은 말은 어린이에 대한 혐오 표현이라는 포스터가 붙었습니다. 아무 생각 없이 쳐다보고 있는데 3학년 주리가 "아빠, 왜 요린이, 주린이가 잘못됐다는 거예요?"라고 물어 왔습니다. 대충 둘러대고 넘어가려는데 큰딸 효리가 알은체를 합니다.

아빠 글쎄다. 초보자니까 '~린이'라고 붙인 거 같은데? 이것도 잘못된 건가? 혐오 표현이라는데?

효리 나도 그런 말 들어 봤어요. 주리야, '골린이' '헬린이'도 있어.

주리 그건 또 뭐야?

효리 골프를 못하면 골린이고, 헬스를 처음 하면 헬린이라는 거지. 근데 아빠, 린이를 붙이니까 좀 귀엽지 않아요?

엄마 여보, 당신도 지난번에 내가 주식 배운다고 하니까 '주린이'라고 했잖아. 난 그때 귀여운 맛이 나서 듣기 좋던데?

효리 맞아, 욕하는 것도 아닌데 뭐 어때? 근데 왜 사람들은 별것도 아닌 걸로 혐오라고 해요? 어린애한테 어리다고 하고, 초보한테 초보라고 하는 건데.

엄마 이런 걸로 남의 눈치까지 봐야 하다니 정말 피곤

한 세상이야.

주리   그럼 초보는 모두 '~린이'만 붙이면 되는 거예요?

✱ 사례의 재발견

"아빠, 여기 포스터에 나온 이야기가 무슨 말인가요? '린이'라는 말을 붙이는 게 진짜 혐오 표현이에요?"라는 질문을 받으니 당황스러웠습니다. 한 번도 진지하게 생각해 본 적 없는 문제였거든요. 아이들을 차별한다거나 비하한다거나 혐오한다고 생각하면서 쓴 말이 아닌데 왜 이런 공격을 받아야 하는지 살짝 기분이 상하기도 했습니다. 요즘 유튜브에서 요리를 배워 보려고 하는데 제목에 '요린이'라는 단어가 들어가면 왠지 초보자인 저도 쉽게 따라 할 수 있을 것 같아 클릭해 본 일도 있었습니다.

그래도 그렇게 말하는 데는 분명히 이유가 있겠죠? 아이한테 제대로 설명해 주는 게 필요할 것 같아서 솔직하게 말하고 같이 알아보기로 했습니다.

"글쎄, 아빠도 생각해 본 적이 없는데……. 혐오 표현이라고 포스터까지 붙인 이유가 있을 거 같구나. 인터넷으로 검색해 보면서 아빠랑 같이 알아볼까?"

⚴ 아동 인권 한 스푼

한국민족문화대백과사전에서 '어린이'라는 단어를 찾아보면 "어린아이를 대접하거나 격식을 갖추어 이르는 말을 가리키는 교육 용어"라고 등재되어 있습니다. 아동들도 하나의 인격체로 보아야 한다는 생각으로 1920년 방정환 선생님이 처음 사용하기 시작했다고 합니다.

그런데 몇 년 전부터 어떤 분야의 초보자를 가리키는 말에 '린이'를 붙여 사용하기 시작했고, 방송과 SNS를 통해 신조어처럼 큰 불편감 없이 받아들여졌습니다. 귀여운 단어라며, 혹은 재미있어하며 사용하는 사람들이 늘어나면서 어린이에 대한 조롱의 의미를 인식하는 사람도 생겨났습니다. 혹자는 불편감을 드러내는 사람들에게 과한 반응이라며 다른 불편감을 표현하기도 합니다.

"과해. 불편하게 보니 불편한 거지. 그냥 언어 유희 아냐?"
"누가 어린이를 불완전한 존재로 바라보고 그런 말을 써?"

이런 표현에는 정말 아동을 미숙하고 불완전한 존재로 바라보는 시각이 전혀 없는 걸까요? 초보라는 단어가 있음에도 불구하고 왜 이런 단어를 쓰는지 생각해 봐야 합니다.

2021년 교보문고 유튜브 채널에서는 '~린이'의 사용을 어떻게 바라보는지를 조사한 설문 결과를 발표했습니다. 응답자 641명 중 31%는 '~린이' 사용을 부정적으로 보는 반면, 26.2%는 긍정적으로 보았고, 가치 중립적으로 보는 사람은 42.8%였습니다.

여론은 비교적 다양했지만 전문가들의 의견은 달랐습니다. 국제아동인권센터에서는 '~린이'보다 '~초보'를 쓰자는 제안을 하기도 하였습니다. 국가인권위원회에서는 아동을 비하하고 부정적 고정관념을 조장할 수 있다는 이유로 각 분야의 초보자를 어린이에 빗댄 신조어 '~린이'를 공문서와 방송·인터넷 등에서 무분별하게 사용하지 말 것을 권고했습니다.

전문가들이 어떤 표현을 혐오 표현으로 판단할 때는 그 표현이 대상에 대한 편견과 차별을 조장하고 강화하는 효과가 있는지를 본다고 합니다. 계속 '~린이'라는 표현을 사용한다면 어떻게 될까요? 어린이는 미숙하고 부족한 존재라는 생각이 은연중에 우리 안에 스며들 수 있습니다. 아동이든 성인이든 처음 해 보는 일이 서툴고 미숙한 건 당연한 일입니다. 굳이 '~린이'를 붙여 그 의미를 부각할 필요는 없습니다. 그리고 아동들은 각자의 발달 단계에 따라 성장하고 있는 독립된 인격체이지 미숙하고 부족한 존재가 아닙니다.

물론 '~린이'가 혐오 표현의 일종이라는 것에 동의하지 않는 사람도 있을 것입니다. 그런 의미로 사용하지 않을 수도 있고요. 하지만 어떤 의도로 사용하였든 간에 누군가에게 그런 표현이 아동을 배척하고 무시하는 말로 쓰일 수 있고, 그런 사고를 확장시켜 차별과 편견을 만들 수 있다면 그것은 혐오를 조장하는 일일 수 있음을 인식하는 것이 중요합니다.

더 놀고 싶은
아이

학원 울타리에 갇힌 공유 맘

아이가 매일 영화 보고 싶다, 캠핑 가고 싶다 난리예요. 학원이 좀 많기는 하지만 성적을 생각하면 어쩔 수 없죠.

노는 게 남는 거라고 보는 뿐 강사

학원을 줄이기 어려우면 주말에라도 꼭 같이 시간을 보내세요.

학원 울타리에 갇힌 공유 맘

주말에는 레벨 테스트 가고, 논술이랑 수학 보충도 해야 되는데…….

노는 게 남는 거라고 보는 뿐 강사

노는 시간이 너무 없으면 아이가 행복할 수 없어요.

"엄마, 우리 이번 주에 놀이공원 가면 안 돼요? 친구가 갔다 와서 자랑하는데 나도 가고 싶어요." 공유가 하는 말에 엄마인 저는 오늘도 죄인이 됩니다. "엄마가 회의 준비 때문에 할 일이 너무 많아. 미안해. 다음에 가면 안 될까? 그런데 너 이번 주에 수학 학원 레벨 테스트 있잖아. 시험 보는데 학원 빼먹고 놀러 갈 생각만 하고, 그래서 원하는 성적이 나오겠니?" 미안한 마음에 주말에 해야 할 일을 알려 준다는 것이 아이에게는 비난하는 말로 느껴졌나 봅니다. 공유는 시무룩한 표정으로 자기 방으로 들어가 버립니다.

아이의 표정이 맘에 걸려 뒤따라 들어가서 미안하다고 하자 눈물이 그렁그렁한 눈으로 친구들 이야기를 하더라고요. 친구들은 '주말에 가족과 여행을 다녀왔다' '친구들과 파자마 파티를 했다' '고모네 집에 가서 고기를 구워 먹고 사촌들과 재미있게 놀았다' 신나서 떠드는데 자신은 할 말이 없었대요. 엄마 아빠는 매일 바쁘고 놀 친구들도 없고 이번 주에도 쉬지도 놀지도 못하고 학원에만 가야 한다고 생각하니 속상하고 섭섭하다고 합니다. 기껏 달래려던 마음도 잊어버리고 또 잔소리를 퍼부었습니다.

"네가 사 달라는 스마트폰 사줬잖아. 그것 가지고 놀면 되지. 엄마 아빠가 일부러 그러는 것도 아니고 한두 살 먹은 애도 아니면서 왜 이렇게 힘들게 해. 그만 좀 징징거려. 바빠 죽겠는데 도와주지는 못할망정. 에휴."

저의 가시 돋친 말에 공유는 엉엉 울며 소리칩니다.

"평일에는 학교 끝나고 수학 학원, 영어 학원 가느라 못
놀고 주말에는 친구들이 가족들이랑 놀러 가서 같이 놀
친구가 없고, 엄마 아빠는 맨날 바쁘다고 안 놀아 주고
나는 언제 누구랑 놀아야 해요?"

저는 공유가 저보다는 나은 삶을 살기를 원하는 마음으로
최선을 다하며 열심히 살고 있습니다. 이런 저의 마음이 공유에
게 가닿지 못하는 것 같아서 속상하고 답답합니다. 제가 어떻게
해야 하는 걸까요?

❀ 사례의 재발견

놀이공원에 가자는 아이의 말에 엄마인 저는 생각이 많아집
니다. 지난번 캠핑 가고 싶다는 말에 갈 수 없는 이유를 말하자
실망하던 아이의 모습이 떠올랐기 때문입니다. 주말까지 업무
의 연속인 상황을 아이가 이해해 주기를 바라는 마음도 있지만
엄마와 함께 시간을 보내고 싶어 하는 아이의 마음이 보입니다.

"엄마, 우리 이번 주에 OO랜드 가요."

"엄마도 너와 같이 놀고 싶은데 이번 주에도 출장을 가야
해서 그건 어렵겠다. 일요일 2시 이후에는 시간을 낼 수
있는데 그때 놀 만한 게 없을까?"

공유는 축구를 하고 싶다고 했습니다. 좋아하는 친구와 함
께하면 좋을 것 같아 민호네 엄마에게 전화했더니 오랜만에 아
빠들도 함께 온 가족이 모이자고 합니다. 아이는 잘 놀아 주는
민호네 형들까지 온다는 말에 폴짝폴짝 뛰며 "신난다."를 연발
합니다.

공유는 벌써부터 일요일을 기다리고 있어요. 축구공에 바
람이 빠지지는 않았는지 살펴보고 체크합니다. 형들이랑 뛰어
놀 생각에 놀이공원은 까맣게 잊었나 봐요. 곰 젤리를 나눠 준
다고 가방에 담고, 돗자리를 챙겼는지 잔소리까지 합니다. 놀이
공원도 같이 못 가 주는 못난 부모인 것 같아서 가슴이 아팠는
데, 신난 아이를 보니 위로가 됩니다. 내 현실에서 할 수 있는 일
을 많이 만들어야겠어요.

⚯ 아동 인권 한 스푼

통계청의 〈아동·청소년 삶의 질 2022〉 보고서에 따르면, 2018년 한국 청소년(만 15세)의 삶의 만족도는 67%로, 비교 가능한 OECD 회원국 30국 가운데 27위였습니다. 우리나라 아동·청소년의 삶의 만족도가 낮은 이유 중 하나는 '학생이 공부를 해야지 놀면 안 된다'는 사회 분위기로 인해 학업 스트레스가 증가하고 이것이 수면 시간과 휴게 시간의 부족으로 이어지기 때문입니다.

유엔 아동권리협약 제31조 1항에서는 아동이 놀이와 휴식, 여가를 즐길 권리를 규정하고 있습니다. 이 권리는 입시 위주의 한국 사회 아동에게 매우 중요한 의미가 있습니다. 아동기는 사회적, 대인적 측면에서 중요한 능력을 키워 나가야 하는 시기이기 때문에 놀이와 휴식, 여가를 즐길 권리는 아동 발달에 필수입니다.

아동이 문화 예술 활동에 참여할 기회도 균등하게 제공되어야 합니다. 때론 아이들의 '놀이'가 어른들이 보기에 목적 없고 쓸데없어 보일지라도 너무 위험하고 해롭지만 않다면 모두 의미 있는 활동입니다. 놀이를 통해 아동은 자신을 탐색합니다. 무엇을 좋아하는지 어떤 것들을 할 때 행복한지 자신의 능력을 시험하고 즐깁니다. 또한 친구들과 함께 놀면서 대인 관계 기술도 습득하게 됩니다. 이 모든 것은 미래의 진로와도 연결됩니다. 아동들이 놀면서, 쉬면서 이렇게 어마어마한 일을 하고 있다는 것을 알게 되었다면 아이들이 자신을 탐색하고 친구들과 함께할 수 있도록 도와주세요.

언니와 동생,
이래도 괜찮은 걸까요?

👤 작은 아씨들이 감당 안 되는 하늘, 하연 맘

언니는 너무 철이 없고 동생은 너무 샘이 많
아요. 아무리 말려도 또 싸우니 어쩌죠?

👤 의좋은 형제 비법을 가진 봄 강사

싸움을 피할 수는 없죠. 잘 싸우는 방법을 배
우게 도와주세요.

👤 작은 아씨들이 감당 안 되는 하늘, 하연 맘

싸우다 울면 누구부터 챙겨야 할지도 모르겠
어요. 맨날 엄마만 밉대요.

👤 의좋은 형제 비법을 가진 봄 강사

공평하게 재판하려 하지 않고 마음을 알아주
는 것만으로 해결되기도 해요.

저는 여덟 살 하늘이와 동생 하연이가 같이 있기만 해도 겁이 덜컥 납니다. 하늘이는 동생이 자기 토끼 인형을 가지고 놀고 있으면 어느새 쫓아가 빼앗아 버립니다. "내 건데 왜 만져!"하는 쩌렁쩌렁한 목소리가 들리면 곧바로 쫓고 쫓기는 추격전이 시작됩니다. 인형을 빼앗긴 하연이는 언니를 절대 이길 수 없다는 걸 알면서도 포기를 못 합니다. "나 잡아 봐라, 메롱!" 약 올리는 언니를 따라다니다 결국 넘어지고 "언니 미워, 미워." 하며 서럽게 웁니다.

울고 있는 하연이를 안고 달래며 저는 하늘이를 목소리 높여 혼낼 수밖에 없어요. "동생이 네 인형을 만질 수도 있는 거지, 언니가 되어서 그걸 꼭 뺏어서 이렇게 동생을 울려야겠어?" 그러면 하늘이도 덩달아 울어 버리고 이렇게 매번 비슷한 상황이 이어집니다.

"애는 왜 맨날 내 것만 가지고 노냐고! 자기 건 만지지도
못하게 하면서……. 엄마는 하연이는 달래 주면서 왜 나
한테만 뭐라 하냐고!"

인형을 내팽개치고 쿵쿵거리며 걸어가 문을 쾅 닫아 버린 하늘이가 안쓰러우면서도 저는 울고 있는 하연이를 다독이며 또 큰소리를 치고야 맙니다.

"누가 그렇게 문을 세게 닫으래? 너 진짜 혼나 볼래? 뭘 잘했다고 울고 난리야. 나이가 몇 살인데, 뚝 그치지 못해?"

간신히 하연이를 진정시키고 하늘이 방에 들어갔어요. 그제야 이불을 머리끝까지 뒤집어쓰고 울다 잠든 하늘이가 눈에 들어옵니다. 잠든 하늘이를 보니 미안한 마음뿐이네요. 이런 상황에서 저는 어찌해야 할까요?

❁ 사례의 재발견

다섯 살 하연이는 언니 물건에 관심이 많습니다. 물건뿐만 아니라 하늘이가 하는 말이나 행동을 따라 하면서 뒤만 졸졸 따라다닙니다. 하늘이가 색연필로 그림을 그리면 자기도 옆에서 색연필로 무언가를 열심히 그립니다. 하늘이의 책가방에 무엇이 들어 있는지 궁금해합니다. 하늘이가 알림장을 꺼내서 보여 주면 얼른 뺏어 들고 멀리 도망가 버립니다. 오늘도 하늘이가 생일 선물로 받은 토끼 인형을 품에 안고 다니다가 언니가 가져가니까 도로 뺏으려다가 넘어지고 말았습니다.

지난번에 다녀온 부모 교육에서 강사님이 잘잘못을 가리는 재판관 역할을 하지 말고, 자신의 감정과 생각을 적절한 방식으로 표현하는 것을 알려 줘야 한다고 말해 주셨던 게 생각이 났어요. 넘어져 울고 있는 하연이를 안아 주고 눈물이 잦아들기를 기다린 뒤 역할극을 해 보기로 했어요.

하늘이와 하연이에게 자기 물건을 2개씩 가져오게 했어요. 그리고 서로의 물건을 가지고 놀고 싶을 때는 어떻게 해야 하는지 물어봤습니다. 하늘이는 무슨 뜻인지 금방 알아듣고, 자기가 정답을 말한다는 듯이 툭 던집니다. "이것 만져도 돼?" 하자 하연이가 아무 생각 없이 "응." 하고 대답합니다. 이번에는 반대로 하연이에게 언니한테 물어보라고 했습니다. "언니, 인형 가지고 놀아도 돼?" 하늘이가 "아니, 지금 내가 가지고 놀 거야."라고 합니다. 당황한 하연이는 저를 쳐다봤어요.

저는 대신 말해 주었어요. "그럴 때는 '언니, 그럼 내가 언제 가지고 놀 수 있어?' 하고 물어보면 어떨까?"라고 말하니 하연이가 그대로 따라 합니다. 엄마가 말한 대로 하는 하연이가 귀여웠는지 하늘이가 웃으며 대답합니다. "저녁 먹고 나서 빌려줄게." 빌려준다는 말에 "고마워, 고마워." 하며 기뻐하는 하연이를 보면서 저도 하늘이에게 말했습니다. "하늘아, 엄마 마음을 알아줘서 고마워."

"지난번에 언니가 하연이 사탕 먹어 버려서 속상했던 거 생각나니? 다른 사람이 내 걸 허락 없이 먹거나 만지면 화가 나는 거야."

"이건 언니 물건이잖아. 갖고 싶고 만지고 싶을 때는 언니에게 꼭 물어봐야 해."

⌛ 아동 인권 한 스푼

아동 권리의 주체는 아동입니다. 언니도, 동생도 아동 권리의 주체이기 때문에 서로의 권리를 존중해 주고 보호해 주어야 합니다. 아동 권리의 실현은 아동 권리가 무엇인지 아는 것으로부터 출발하지만, 아동이 다른 사람들도 나와 같은 권리의 주체라는 것을 이해하고 수용하는 것도 매우 중요합니다. 그래서 친밀한 가족 사이에서부터 서로의 권리를 존중하는 관계를 형성하는 구체적인 방법을 배울 수 있도록 보호자가 도와주어야 합니다.

내 물건을 다른 사람이 가져갈 때 동의를 구해야 한다는 것은 너무나 당연한 일입니다. 동의는 동등한 관계에서 의사소통하는 것으로, 소통의 기본이자 필수입니다. 우리 아동들이 이를 배울 수 있도록 하려면 어떻게 하는 것이 좋을까요? 동의를 구하는 방법, 동의하는 법, 거절하는 법을 알 수 있도록 아이들의 물건을 만지거나 스킨십을 할 때 동의를 구하는 방식을 보여 주고 연습시켜 주세요. 형제자매뿐만 아니라 부모 자녀 관계, 부부 관계에서도 동의는 중요합니다. 동의를 구하는 것이 친밀한 관계에서 자연스러운 일이 될 때, 사회적인 관계로도 확장됩니다.

"네 컵으로 물 마셔도 괜찮아?"

"똑똑! 네 방에 들어가도 되니?"

"가족사진을 SNS에 올려도 될까?"

"너무 사랑스러워서 안아 주고 싶은데 엄마가 한번 안아 봐도 될까?"

아빠가
좀 힘든 상황이야

열 살 서준이, 여섯 살 서윤이 아빠의 이야기

가장의 역할을 고민하는 서준, 서윤 아빠

요즘 구직 활동 중이라 수입이 없고 힘듭니다. 아이들이 치킨을 사 달라고 할 때마다 가슴이 철렁하더군요.

슬기로운 가정생활 상담원 희 강사

그럴 때 어떻게 해결하는 편이세요?

가장의 역할을 고민하는 서준, 서윤 아빠

나한테 돈 맡겨 놨냐고, 아빠를 팔아서 사 먹으라고 했어요.

슬기로운 가정생활 상담원 희 강사

때로는 가정의 어려움을 아이들에게 솔직하게 말하고 도움을 청하는 것도 필요해요.

여섯 살 서윤이와 열 살 서준이를 키우는 아빠입니다. 다니던 회사가 부도 난 이후 구직 활동을 하고 있으나 잘 안 되어 하루 종일 집에서 지내고 있습니다. 아내가 어렵게 직장을 구해서 일하고 있지만 이전에 비해 수입이 턱없이 줄었습니다. 가장 역할을 못 한다는 생각에 스스로 화가 나지만 시끄럽게 떠드는 아이들도 못마땅합니다. 그나마 혼자 게임을 할 때 가장 편안한 마음이 들어 문을 닫고 게임을 하는데, 아내는 그런 속도 모르고 육아를 돕지 않는다며 짜증을 내고 불만을 토해 냅니다.

예전에는 아이들과 잘 놀아 주고 주말이면 놀이동산에 데리고 가기도 했습니다. 하지만 요즘은 아이들과 대화하는 것도, 놀아 주는 것도 부담스럽습니다. 얼마 전 거실에서 TV를 보는데 아이들이 치킨 광고를 보더니 치킨 배달을 시키자 하더군요. 아빠 사정도 모르고 이것저것 사 달라고 해맑게 조르는 아이들 때문에 안 그래도 신경이 날카로워지는데 그날은 치킨 배달을 시키자는 말에 갑자기 화가 치밀어 올랐습니다. 저는 아이들에게 "아빠 돈 없어. 너 나한테 돈 맡겨 놨냐? 내가 돈 나오는 기계야? 날 팔아서 사 먹어."라고 짜증스럽게 쏘아붙였습니다. 아이들은 "아니야. 안 먹고 싶어졌어!" 하면서 방으로 들어가 버렸습니다. 아이들은 제 눈치를 보고, 저의 큰 목소리에 저조차 깜짝 놀라기도 합니다. 스스로 좋은 아빠, 좋은 남편이라 생각했었는데 어쩌다 이렇게 되었는지 자괴감이 듭니다.

✳ 사례의 재발견

회사가 부도 난 이후 실직한 지 꽤 되었습니다. 다행히 아내가 직장을 구해 생활하기는 하지만 넉넉하지는 않습니다. 구직활동을 열심히 하고 있으나 직장 구하기가 만만치 않아 불안하고 가족들에게 미안한 마음이 많습니다. 그러면서도 스트레스가 심해 가족들에게 날카롭게 반응하게 되네요.

혼히 아이는 부모의 거울이라고들 합니다. 힘든 상황이지만 좌절하거나 무너지지 않고 당당하게 맞서는 모습을 보여 주어야 우리 아이들도 그런 상황에 놓였을 때 잘 극복해 낼 것이라는 생각이 들어 더 힘내 보기로 했습니다. 일상에서 자연스럽게 배우고 성장하는 기회를 우리 가족이 함께 맞이해야 한다고 생각하니 기운이 나고 이 어려움을 버텨 낼 수 있겠다는 생각이 들었습니다.

아이들에게 아빠의 상황을 솔직하게 말해 보았습니다. "너희들이 원하는 것을 다 들어주지 못해 아빠도 마음이 아프단다." 하고 시작하니 진지한 표정으로 제 말에 집중하더군요. 아빠가 열심히 일하고 싶었지만 다니던 회사가 문을 닫게 되었고, 현재 다른 일할 곳을 알아보고 있다는 것, 지금은 엄마가 열심히 일하고 있으니 걱정하지 않아도 된다는 것, 아빠가 일이 구해지기 전까지 좀 더 가사와 육아에 힘쓸 거라는 것을 이야기했습니다. 아이들은 "아빠, 회사 다니기 전까지는 더 많이 놀아 주실 수 있는 거예요? 그럼 우리 산책도 하고 놀이터도 같이 가요."라고 이야기합니다. 그동안 미안한 마음에 솔직하게 말하지 못하고 현실의 상황과 감정을 숨기려고만 했던 것이 우리 가족을 더 힘든 상황으로 몰고 가지는 않았는지 되돌아보게 되었습니다. 아이들은 내 편이고 나를 힘내게 하는 존재였습니다.

"그래, 아빠와 함께 즐겁게 지내자. 아빠가 만드는 치킨
맛 궁금하지 않니? 내일 만들어 줄게."
"오늘, 아빠표 핫케이크 먹고 배드민턴 치러 갈래?"
"너희들과 함께 시간을 보낼 수 있어 참 좋다."
"너희들이 있어 아빠가 더 힘을 내고 용기를 낼 수 있어."

퇴근하고 들어오는 아내에게도 쑥스럽지만 말해 보았습니다.
"여보, 수고했어. 힘들었지? 조금만 힘내자. 나도 더 노력해 볼게. 당신이 있어 참 고맙고 든든해. 당분간 집안일, 아이들은 내가 더 신경 쓸게."
아내가 웃습니다. 아내가 웃으니 저도 좋습니다.

⏳ 아동 인권 한 스푼

성인들도 자신이 원하지 않는 상황에 놓이게 되면 몹시 당황하고 스트레스를 받기 마련입니다. 더구나 실직한 지 오래되었고, 구직을 원하는 상황이라면 압박감이 더 심할 것입니다. 자신의 능력을 의심하게 되고 가장의 역할을 못 하고 있는 것은 아닌지 커 가는 아이들을 보면 불안이 더 엄습하겠죠. 더 이상 자신이 할 일은 없는 것인가 하는 생각에 많이 우울하고 힘들 것입니다.

그런데 자녀는 부모의 화풀이 대상이 아닙니다. 부모의 우울감이 자녀에게 향할 때 자녀는 더 힘들 수 있습니다. 부모는 자녀를 책임지고 양육할 의무가 있는 사람들입니다. 부모는 자녀에게 모델링의 대상입니다. 어려운 상황은 힘들 때 어떻게 문제 해결을 해 나가는지 몸소 보여 줄 기회가 될 수도 있습니다. 자녀가 힘든 상황에 놓였을 때 좌절하거나 무너지지 않고 당당하게 맞서는 사람으로 성장하길 원한다면 부모가 먼저 그런 모습을 보여 주어야 합니다.

때로는 아이들도 수용할 수 있는 범위 내에서 가정의 상황을 파악할 수 있어야 합니다. 그래야 자신의 마음을 조절하고, 자발적으로 문제 해결에 참여할 수 있습니다. 어려운 일에 부딪혔을 때는 상대에게 자신의 솔직한 감정을 말하고, 해결하기 위해 노력해야 한다는 것과 도움을 요청할 수 있다는 것을 가르쳐야 합니다. 자녀들은 부모의 말뜻을 이해하고 자신이 할 수 있는 한에서 함께하고 도우려 할 것입니다. 아이들에게 절대 해서는 안 되는 말이 있습니다.

"나 돈 없어. 네가 나한테 돈 맡겼니?"
"나한테 돈 좀 줘 봐. 날 팔아서 돈으로 바꿔."

아이들이 자신을 부모에게 돈 걱정을 시키고 부담을 주는 부정적인 존재로 인식하게 해서는 안 됩니다. 문제에 부딪혔을 때 상대에 대한 원망과 화풀이, 문제에 대한 회피를 가르칠 수도 있습니다. 아이들이 원하는 것은 물질적 풍요보다 있는 그대로 사랑받는 느낌, 존중받는 느낌일 것입니다. 눈을 바라보며 아빠가, 엄마가 사랑한다고 말해 주는 것, 함께 시간을 보내며 서로를 존중하고 배려하는 것, 갈등 상황에 대한 대처 능력을 배우며 성장하게 돕는 보호자가 되는 것은 어려운 일일 수도 있습니다. 하지만 이는 부모의 의무이자 책임이기도 합니다.

부부의 대화 시간도 중요합니다. 찾고 있는 일자리에 관한 이야기, 면접에 떨어져 힘든 이야기, 든든하게 지지해 주는 아내에게 고마움을 전하는 이야기를 꼭 해야 합니다. 그것이 부부 간에 지켜야 할 예의입니다. 부부는 경제 공동체이고 생활 공동체이며 양육 공동체입니다. 남편이 꼭 가장일 필요도 없으며, 양육의 주체가 되면 안 될 이유도 없습니다. 상황에 따라 서로의 역할을 잘해 나가면 좋지 않을까요?

유엔 아동권리협약 제18조에는 부모는 아동의 양육과 발달에 일차적 책임을 지며, 국가는 부모가 양육의 책임을 다할 수 있도록 적절한 지원을 제공해야 한다는 내용이 있습니다. 부모도 사람입니다. 사람은 누구나 힘들 때가 있습니다. 힘들고 우울하다면 도움을 요청하십시오. 지역마다 정신건강복지센터, 건강가정지원센터가 있어 상담을 요청할 수 있고, 보건복지상담센터 129에서는 가족의 상황에 따라 생활비 긴급 지원 등 복지 상담도 받아 볼 수 있습니다. 필요할 때 도움을 요청하는 것은 부모와 자녀를 위한 현명한 선택입니다.

아이의 사생활도
지켜 줘야 하나요?

열두 살 은빈이 엄마의 이야기

👤 아이를 실시간으로 감시하는 은빈 맘

저는 아이의 이메일을 직접 관리해요.

👤 사생활 침해에 민감한 보 강사

아이디와 비밀번호를 공유한다고요? 아이가
가만히 있어요?

👤 아이를 실시간으로 감시하는 은빈 맘

위험한 스팸 메일이 얼마나 많은데요? 그 정
도는 아이가 감수할 수 있지 않나요?

👤 사생활 침해에 민감한 보 강사

궁금하고 걱정돼도 부모로서 아이에게 지켜
야 할 매너가 있어요.

5학년 은빈이 엄마인 저는 요즘 고민이 많습니다. 그동안 은빈이가 제 이메일 주소를 함께 사용했는데 갑자기 불편하다며 자기 이메일을 따로 만들겠다고 합니다. 사이트에 가입할 때 이메일 주소를 입력해야 하는데 그때마다 제 이메일을 사용하고 있어 불편하기도 하고 자기가 어떤 사이트에 가입했는지 헷갈리기도 한대요.

지난번에는 친구들과 조별 과제를 하면서 주고받은 파일이 있길래 혹시 도와줄 것이 있나 하고 읽어 봤더니 난리가 났어요. "친구들은 다 자기 계정으로 메일을 주고받는데 난 왜 엄마 메일을 써야 하냐고요. 친구들이 자기가 보낸 걸 엄마가 읽은 줄 알면 나만 이상해진다고요! 정말 짜증나!" 방문을 쾅 닫고 자기 방으로 들어가 버린 은빈이에게 요즘 세상이 얼마나 무서운지 아냐며 초등학교 6학년 때까지만 엄마가 살펴봐 주겠다는데 뭐가 문제냐고 큰소리를 쳤어요.

그날 이후 별말이 없더니 어제는 갑자기 이메일 계정을 만들려고 했더니 부모님 인증이 필요하다며 인증을 해 달라고 하더라고요. 걱정되는 마음에 "비밀번호는 엄마가 만들어 줄게!" 했더니 "내 이메일인데 엄마가 비밀번호를 만들면 엄마 메일 쓰는 것과 뭐가 달라. 아, 진짜 열 받아!" 하는 거예요. 발까지 굴러가며 씩씩거리는 은빈이를 저는 이해할 수가 없어요.

✿ 사례의 재발견

은빈이는 그동안 엄마인 제 이메일을 함께 이용하고 있었어요. 제가 회사에서 업무를 할 때 스팸 메일도 삭제해 주면서 관리하고 있었습니다. 이메일을 보면 친구들과 어떤 조별 과제를 하는지도 알 수 있고, 주고받는 내용을 보면 아이가 어떻게 지내는지 살짝 엿볼 수 있어 안심이 되었어요.

그런데 오늘 갑자기 자기만의 이메일을 따로 만들겠다고 인증을 부탁하는 거예요. 불안한 마음에 비밀번호를 공유하자고 했더니 그러면 엄마 메일과 뭐가 다르냐고 따집니다. 그동안 이메일을 같이 쓰면서 나는 편하고 좋았는데 은빈이는 참 불편했겠구나 싶었습니다. 그리고 보면 자기도 엄마 이메일 주소와 비밀번호를 알고 제 휴대폰 비밀번호 패턴도 풀 줄 아니까 혼자서도 만들 수 있었을 텐데 제 동의를 구해 준 것이 너무 고마웠어요. 스팸 메일이 많아서 걱정되었던 건데 앞으로는 유해 사이트를 변별할 수 있는 정보를 주고 스스로 기준을 만들어 가도록 해 주어야겠어요.

> "스팸 메일도 많고, 메일로 아이들을 유인하는 일도 있어서 걱정하는 마음이었는데 네 사생활을 침해하고 있다는 생각을 미처 못했네. 미안."

"앞으로는 네 이메일을 스스로 잘 관리하면 좋겠다."

"누가 보냈는지 모르는 이메일은 되도록 열어 보지 말고 혹시라도 불편한 것을 보게 되거나 어떻게 해야 할지 모르겠다면 언제든지 엄마와 의논해."

✖ 아동 인권 한 스푼

다음 체크 리스트를 작성해 보세요.

항목	그렇다	아니다
1. 아이의 일기장을 몰래 읽은 적이 있다.		
2. 아이가 비밀이라고 한 것을 다른 사람에게 말한 적이 있다.		
3. 아이의 사진을 동의 없이 SNS에 올린 적이 있다.		
4. 아이의 개인 정보는 부모가 공개 여부를 결정해야 한다.		
5. 아이에게 일어나는 모든 일은 부모가 알고 있어야 한다.		
6. 정보에 접근할 권한은 아동보다 부모에게 먼저 주어야 한다.		
7. 국가와 부모는 아동이 유익한 정보에 접근할 수 있는 환경을 제공할 책임이 있다.		

위 표의 1~6번에 '그렇다'를 체크한 분들께 유엔 아동권리협약 제16조의 내용을 소개합니다.

"어떠한 아동도 사생활과 가족, 가정, 통신에 대하여 자의적이거나 위법적인 간섭을 받지 아니하며 또한 명예나 신망에 대한 불법적인 공격을 받지 아니한다. 아동은 이러한 간섭 또는 비난으로부터 법의 보호를 받을 권리를 가진다."

이 조항을 근거로 2005년 국가인권위원회는 '초등학교 일기장 검사 관련 의견' 결정서에서 초등학교 일기 검사 관행을 개선하고 초등학교의 일기 쓰기 교육이 아동 인권에 부합하는 방식으로 개선되도록 지도·감독하라는 의견을 교육인적자원부 장관에게 표명하였습니다. 일기를 검사하고 평가하는 것은 일기 쓰기의 본질을 생각해 볼 때, 아동의 사생활과 양심의 자유를 침해할 가능성이 크다고 본 것입니다.

인터넷 사용에 위험 요인이 있다고 무조건 억압과 통제를 하거나 지나치게 간섭하는 것은 아동을 성인과 동등한 인격체로 존중하는 태도가 아닙니다. 이렇게 하면 아이들은 오히려 부모를 피해 은밀한 공간에서 숨어서 할 수 있습니다. 인터넷상의 위험 요인이 무엇인지, 위험 상황에서는 어떻게 대처해야 하는지 스스로 알아갈 수 있도록 도와주세요. 아동을 보호하려는 의도에서 한 일이라도 그것이 아동에게 정말 최선의 이익을 가져다줄 수 있는지 고민이 필요합니다.

엎질러진 물을
어떻게 담아야 할까요?

열두 살 준상이 엄마의 이야기

사계절 민감한 준상 맘

저는 어제 공포 영화를 찍었어요. 스릴러가 따로 없었습니다.

따뜻한 가족 영화를 좋아하는 손 강사

공포 영화를 찍다니요?

사계절 민감한 준상 맘

제가 아이에게 공포의 말을 쏟아부었어요. 엎질러진 물을 어떻게 담아야 할지 너무 걱정됩니다.

따뜻한 가족 영화를 좋아하는 손 강사

아이에게 사과하고 다시 찍는 수밖에요.

저희 부부는 둘 다 교사입니다. 저는 수학을, 남편은 영어를 담당하고 있어서 준상이를 학원에 보내지 않고 직접 가르쳐 왔어요. 방학이면 여행을 가면서 학업 스트레스로부터 비교적 자유롭게 키우려 노력했습니다. 지금은 아직 초등 5학년이지만 앞으로도 그렇게 할 계획입니다.

일요일 아침에 남편이 준상이와 집 앞 공터에서 야구를 하고 들어오더니 준상이가 못 보던 자전거를 타고 있다고 말해 주었습니다. 저는 이상한 생각이 들어 준상이에게 어찌 된 일인지 캐물었습니다. '같은 반 친구가 자전거가 두 대이니 한 대는 네가 타도 된다'고 해서 자전거를 갖고 왔다는 거였습니다. 자전거를 준 친구 이름까지 이야기했습니다. 이렇게까지 말하는데 믿어 줘야 하나 하다가 미심쩍어 준상이의 책상 서랍을 뒤져 보았습니다. 서랍 깊은 안쪽에 작은 상자가 숨겨져 있었고, 그 안에 현금 8만 원과 도서 상품권들, 그리고 스마트 워치가 들어 있었습니다. 모두 훔친 것임이 분명했어요. 그것을 보는 순간 저는 폭발하고 말았어요.

"내가 정말 미쳐! 내가 도둑놈을 키운 거냐? 네가 뭐가 모자라서 친구 물건에 손을 댔니?"

"너 같은 건 내 자식도 아니야. 널 왜 낳았는지 모르겠다."

"자식 하나 제대로 간수하지 못하면서 내가 어떻게 선생
이라고 얼굴을 들고 다닐 수 있겠어?"

너무 화가 난 저는 아이의 뺨을 세게 내리쳤습니다. 그러고
도 분이 풀리지 않아 책상 위의 30cm 자로 아이 손바닥을 또
다섯 대 때렸습니다. 얼마나 세게 내리쳤는지 플라스틱 자가 부
러져 두 동강이 나 버렸습니다. "다시 한번 남의 물건에 손을 댔
다가는 손모가지를 잘라 버릴 거야!" 분노를 주체하지 못한 저
는 계속 버럭버럭 소리를 질렀습니다. 준상이는 "절대로 다시는
남의 물건을 훔치지 않을게요. 한 번만 용서해 주세요."라며 싹
싹 빌었습니다.

한바탕 전쟁 같은 시간이 흐른 후 각자 방으로 들어갔어요.
흥분이 조금 가라앉으니 정신이 번쩍 들었습니다. "아! 이게 아
닌데……. 내가 지금 애한테 무슨 짓을 한 거지?" 그렇게 심한 말
을 하려던 건 아니었는데 순간 감정이 폭발해서 아이를 때리고
입에 담지 말아야 할 말을 하고 말았습니다. 준상이가 남의 물
건에 손대는 것이 습관이 되지 않도록 따끔하게 버릇을 고쳐야
겠다는 생각이었는데……. 제 분에 못 이겨 아이를 때리고 세상
이 끝난 것 같은 절망의 말을 쏟아부은 것입니다. 무서운 위협은
이미 아이 마음에 큰 상처가 되었고, 주워 담을 수도 없게 되었
습니다. 저는 부모로서도 교사로서도 자격이 없는 것 같습니다.

✹ 사례의 재발견

부모라면 자녀에게 상처 주는 말을 하고 후회한 경험을 한 번쯤 해 본 적이 있을 것입니다. TV에서 끔찍한 아동 학대 사건을 보거나 학교에서 아동 학대 예방 연수를 받을 때도 '나는 그런 나쁜 사람이 아냐.' '나와는 상관없는 먼 이야기지.' 정도로만 생각했는데……. 제가 그 공포 영화를 찍고 나니 아동 학대란 나와 그리 멀지 않은 이야기였다는 것을 깨달았습니다.

저의 어린 시절을 생각해 보니 선생님께서 학급에 누군가가 잘못하면 단체로 때리거나 벌을 주었던 기억, 부모님께서 '언니가 돼서 동생을 잘 보살피지 않았다'는 이유로 손바닥을 때린 기억이 떠올랐습니다. 그때 정말 수치스럽고 모욕적이고 우울했던 감정도 떠올랐습니다. 제가 자란 문화는 '사랑의 매'가 당연시되었죠.

"네가 그럼 그렇지 뭐!"
"수학 점수는? 그럼 OO이는 몇 점이야?"
"쟤는 도대체 누굴 닮아서 그러는지 모르겠어!"
"약속 안 지키면 핸드폰 압수다."

그간 저는 준상에게 말은 친절하게 하면서 눈으로는 분노의

레이저를 쏘고, 비꼬거나 위협하거나 비하하거나 비교하는 말을 서슴없이 해 왔다는 것을 알았습니다. 한 번 한 말은 다시 주워 담을 수 없습니다. 30cm 자로 맞아 빨개진 손바닥 상처는 하루 이틀이면 나을 수 있겠지만 주워 담을 수 없는 이런 말들은 얼마나 오랫동안 준상이를 아프게 했을까 가슴이 미어집니다.

우리 집의 이번 사건은 좋은 부모가 된다는 것은 쉽지 않으며, 쉼 없는 연습이 필요하다는 것을 더욱 깊이 생각하는 계기가 되었습니다. 고민하다 보니 체벌을 사용한 훈육은 '내 아이를 제대로 지도할 수 없을 것 같다'는 자기 좌절감의 표현 방식이 아니었나 싶기도 했습니다. 훈육 방식이 잘못되었다면 이제 다른 방식을 선택해야겠죠. 마음의 상처가 깊을수록 관계를 회복하기 위해 더 많은 사랑과 신뢰가 필요할 것입니다.

"준상아, 엄마가 때리고 소리 질러서 미안해."
"화가 났다고 너에게 해서는 안 될 말과 행동을 한 게 많이 후회된다. 엄마의 사과를 받아주겠니?"
"엄마가 진짜 하고 싶은 말은 남의 물건을 훔쳐서는 절대 안 된다는 거였어. 남의 물건을 가져오는 것은 처벌이 따르는 행동인데 왜 친구의 물건을 가져왔는지 엄마에게 말해 줄 수 있니? 친구에게 어떻게 사과하고 물건을 돌려주면 좋을까? 엄마는 너를 돕고 싶어."

⚖ 아동 인권 한 스푼

아동복지법 제3조 7항

아동학대란 보호자를 포함한 성인이 아동의 건강 또는 복지를 해치거나 정상적 발달을 저해할 수 있는 신체적·정신적·성적 폭력이나 가혹행위를 하는 것과 아동의 보호자가 아동을 유기하거나 방임하는 것을 말한다.

아동복지법 제3조 7항은 보호자가 아동에게 가하는 적극적인 가해 행위뿐만 아니라 소극적 의미의 단순 체벌과 훈육까지 아동 학대의 정의에 명확히 포함하고 있습니다.
우리는 아무리 화가 나도 직장 상사나 친지들, 동네 어른들에게 폭력을 쓰지는 않습니다. 그런데 왜 분노의 상황에서 아동에게는 꿀밤이나 '등짝 스매싱', 회초리가 쉽게 등장할까요? 또 어른에게는 하지 않는 폭력적 언어를 쉽게 사용할까요? 그것은 아이를 하나의 인격체로서가 아니라 '내 아이'라는 생각으로 바라보고 있기 때문입니다.

분노의 감정 상태에서 이성적으로 생각하고 판단하는 것은 누구에게나 어려운 일입니다. 평소 양육자들은 아동에게 자신의 감정과 상태를 적절하게 표현하고 있는지 돌아보아야 합니다. 그래야 스트레스 상황에서 분노와 불안을 빨리 다스리고 자제할 수 있습니다.

부정적 경험을 겪게 하는 것이 자녀의 행동 문제를 고치는 효과적인 수단이라고 믿는 양육자들이 있습니다. 무서운 어조로 말하거나 위협이 되는 상황을 만들어서 아이의 행동을 멈추게 하려 합니다. 또 말로 하는 데에는 한계가 있으니 체벌이 필요하다고 하기도 합니다. 하지만 체벌은 자신이 무엇을 잘못했는지 생각해 볼 기회조차 주지 않고 힘으로 통제하는 것입니다. 이 방식으로 한순간 그릇된 행동을 멈출 수 있을지는 모르지만, 장기적으로 아동의 행동을 변화시킬 수는 없습니다. 오히려 체벌 경험이 다른 누군가를 통제하는 수단으로 작용하기도 합니다. 매 맞고 자랐기 때문에 현재의 멋진 내가 있다고 믿는 것 또한 체벌의 굴레를 끊어 내지 못하게 하는 잘못된 가치관 중 하나입니다. 체벌은 '아동이 성장함에 있어서 건강과 행복을 방해하는 학대 행위'라는 인식을 가져야 합니다.

아이들에게 상처가 되는 100가지 말

1	어른들 이야기에 끼어들지 마라.	
2	좀 배워라, 배워!	
3	너 때문에 못살겠다.	
4	난 너 하나 보고 살아.	
5	넌 아직 어려서 못 해.	
6	널 왜 낳았는지 모르겠다.	
7	넌 대체 누굴 닮아서 이러니?	
8	넌 정말 구제불능이야.	
9	너 바보야? 이것도 몰라?	
10	다 너 잘되라고 그러는 거야.	
11	이것마저 못 하면 뭘 할 수 있겠니.	
12	너 커서 뭐가 되려고 이래.	
13	(용돈 가지고) 쓸데없는 것 좀 사지 마.	
14	빨리 숙제부터 해.	
15	아빠처럼 살면 안 돼.	
16	꿈이 그것밖에 안 돼? 욕심을 좀 가져 봐.	
17	네 형(누나) 반만이라도 따라가 봐.	

18	걔는 학원도 안 다니고 1등 했다더라.
19	너 또 싸웠니?
20	절대 남한테 지면 안 돼.
21	그게 얼마짜린데 잃어버려!
22	착한 어린이는 그런 행동 안 해.
23	너 나중에 집에 가서 보자.
24	지 아빠(엄마)랑 똑같아.
25	공부도 못하는 게!
26	그만 놀고 공부 좀 해라!
27	남의 집에 있을 땐 좀 조용히 있어!
28	넌 왜 맨날 돈타령이야!
29	조그만 게 벌써부터 걸멋만 들어 가지고는.
30	안 씻으니까 아프지.
31	또 사면 돼.
32	내 말이 맞으니까 말 들어.
33	가영이는 몇 점 맞았어?
34	성적이 왜 이래?
35	잘났어, 정말.

36	이번 시험만 잘 보면 해 달라는 거 다 해 줄게.	
37	오늘만 특별히 봐주는 거야.	
38	안 된다면 안 되는 줄 알아!	
39	누가 먼저 시작했어?	
40	어디서 말대꾸야.	
41	왜 그렇게 버릇이 없어.	
42	넌 이것밖에 못 하니?	
43	내가 너만 할 땐 안 그랬어.	
44	일어나! 안 일어나? 왜 이렇게 게을러?	
45	좀 똑바로 말해 봐.	
46	누나(오빠)답게 행동해.	
47	한 번만 더 하면 폰 뺏어 버린다.	
48	넌 왜 맨날 그 모양이니?	
49	이 돼지야.	
50	틀렸어, 이건 이렇게 해야지!	
51	학원비가 얼만데 수업을 빼먹어.	
52	네가 웬일이니? 공부를 다 하게.	
53	네가 부끄럽다.	

54	너는 왜 맨날 흘리고 먹니?
55	네가 하는 일이 다 그렇지 뭐.
56	왜 그랬어? 빨리 말 못 해?
57	조용히 좀 해! 입 닥쳐!
58	그런 건 크면 다 알게 돼.
59	위험해. 하지 마!
60	시끄러워. 애가 뭔 말이 그렇게 많니?
61	꼴이 그게 뭐니?
62	이게 속상할 일이야?
63	네가 양보해.
64	말 안 들으면 버리고 간다.
65	내가 잘못 키운 탓이야.
66	넌 다리 밑에서 주워 왔어.
67	네 주제에? 시키는 일이나 해.
68	그따위 소리 입에 담지 마.
69	계속 그러면 무서운 아저씨가 잡아갈 거야.
70	아무도 안 보는데 뭐 어때?
71	왜 맨날 그런 친구들이랑 어울리니?

72	셋 셀 때까지 해.
73	도대체 뭐가 불만이야.
74	우리 애가 철이 없어요.
75	그렇게 까불다가 다칠 줄 알았어.
76	방해되니까 다른 데 가서 놀아.
77	너 같은 애는 내 자식도 아냐.
78	징징거리면서 할 거면 하지 마.
79	딴 데로 새지 말고 곧장 와!
80	너 공부 안 하면 저 사람처럼 된다.
81	울지 좀 마.
82	또 무슨 사고를 치려고 그래.
83	여긴 내 집이니까 내가 하라는 대로 해.
84	선생님 말 안 들으면 혼날 줄 알아!
85	넌 우리 집 기둥이다.
86	넌 잘 참잖아.
87	잘했지만 조금만 더 하면 완벽할 것 같아.
88	제발 여러 번 말하게 하지 마.
89	너 참 실망스럽다.

90	사내자식이 약해 빠져 가지고.
91	창피하지도 않니?
92	널 절대 용서하지 않을 거야.
93	넌 못 해, 하지 마.
94	네가 뭘 안다고 그래!
95	한 번만 더 반찬 투정하면 밥 안 줄 거야.
96	시작해 봤자 또 중간에 그만둘 거잖아.
97	아빠(엄마)가 다 알아서 해 줄게.
98	그 친구네 부자니? 잘살아?
99	꼭 큰소리를 쳐야 말을 듣니?
100	당연한 걸 왜 물어?

출처: <그리다 100가지 말 상처>, 세이브더칠드런(100words.sc.or.kr)

혹시
학교 폭력일까?

세상에서 제일 바쁜 무진 맘

담임 선생님이랑 통화했는데 아이가 친구들과 잘 어울리지 못한다고 상담을 받아 보래요. 정말 속상해 죽겠어요. 얘는 왜 제대로 하는 게 없죠? 지금이 제일 바쁘고 정신없는 시기인데…….

사람이 제일 소중한 명 강사

아이가 도와 달라고 보내는 신호예요. 조금만 시간을 내 보시면 어떨까요?

세상에서 제일 바쁜 무진 맘

애들끼리 놀다 보면 별별 일이 다 있는 거잖아요. 그만한 일로 상담을 다니면 사람들이 뭐라고 하겠어요? 나중에 정신과 기록이라도 남으면 어떡해요?

사람이 제일 소중한 명 강사

시간이 아니라 용기가 필요해 보이네요. 체면보다 아이가 더 중요합니다. 아픈 아이를 내버려 두지 마세요.

오랜만에 일찍 퇴근한 날, 부동산 앞을 지나는데 사장님이 불러 세우더니 대뜸 "무진 엄마, 요새 집에 무슨 일 있어요?" 하고 말을 거는 거예요. 야근이 많아 아이와 눈 마주칠 시간도 없다고 하니까 학교에서 무슨 일 있는지 살짝 알아보래요. 가슴이 덜컹해서 왜 그러냐고 물어보니 요즘 애가 인사도 안 하고 너무 표정이 없고 우울해 보인다고 합니다. 밑도 끝도 없이 무슨 얘기인가 싶고, 아이가 뭘 어떻게 하고 다니길래 이렇게 부모 얼굴에 먹칠을 하나 싶어 부끄러웠습니다.

무진이한테 물어보니 학교에 친구도 없고 재미도 없어서 다니기가 싫다고 합니다. 1, 2학년 때 친했던 친구들이 같은 반이 되었다고 좋아했었는데 갑자기 무슨 일인지 모르겠어요. 그리고 학교는 친구 만나러 다니는 게 아니라 공부하러 다니는 거 아닌가요? 다음 날 담임 선생님께 전화해서 여쭤 보니 학교에서 너무 말이 없고, 친구들과도 어울리지 않아서 걱정된다고 상담을 받아 보는 게 좋겠다고 하십니다. 애들끼리 사이좋게 놀 때도 있고, 서로 싸우거나 멀어질 때도 있는 거지, 뭐 이런 걸로 상담까지 받아야 하나요? 답답하고 정말 억장이 무너집니다.

사실 저는 지금 너무 바쁜 시기라서 매일 밤늦게까지 일을 해야 하는데 회사에다 뭐라고 말해야 할지 모르겠어요. 더군다나 남들이 알아 보세요. 아이가 이렇게 될 때까지 엄마가 도대체 뭘 하고 있었냐고 수군거리지 않겠어요? 남편은 상담을 받으면 정신과 기록이 남는다며 펄쩍펄쩍 뛰는데 어떻게 해야 할지 모르겠어요.

✱ 사례의 재발견

저는 새로 옮긴 직장에서 야근이 많아 도통 무진이와 이야기를 나눌 틈이 없습니다. 5학년이 된 후 공개 수업도, 학부모 면담도 참여하지 못했지만 이번에 1, 2학년 때 단짝이던 혜성이와 같은 반이 되어 다행이라고 생각하고 있었어요. 혜성이와 잘 놀고 있는지 가끔 물어보면 무진이는 예전 같지 않다고 말했지만 오랜만이라 어색할 뿐 금방 친해질 거라고 생각했어요.

오늘은 모처럼 일찍 끝나서 집에 돌아오는 길인데 이 동네에 이사 올 때부터 친절하게 챙겨 주던 부동산 사장님이 무진이 걱정을 해 주셨어요. 등하굣길에 가끔 마주치는데 밝고 명랑했던 아이가 점점 표정이 없어지고 우울해 보인대요. 그렇게까지 친한 사이도 아닌데 관심 있게 봐 주셔서 정말 감사했어요. 그러고 보니 요즘 집에서도 잘 웃지 않고 학교생활에 관해서도 이야기를 안 했어요.

저녁때 무진이가 좋아하는 치킨으로 깜짝 파티를 열어 주고 주말에 혜성이를 초대할까 물어보니 금세 얼굴이 어두워집니다. "엄마, 나 요즘은 혜성이랑 안 놀아. 걔는 '포키파'가 됐어." 하는 거예요. '포키파'가 뭔지 물어보니 날라리가 되었다는 뜻이고, 잘못 걸리면 계속 괴롭힘을 당한대요. 어쩌다 혜성이같이 순한 아이가 그렇게 되었는지 안타깝다고 하니까 '포키파'가 되었다는 건 이미 그런 애가 아니라는 뜻이라고 손사래를 칩니다.

다음 날 조용히 담임 선생님께 전화해서 무진이가 학교를 잘 다니고 있는지 여쭤 보았어요. 선생님도 아이가 친구들과 못 어울리고 심각해 보이니 상담을 받아 보는 게 좋겠다고 하셨어요. 피가 거꾸로 솟는 것 같았습니다. 왜 더 빨리 알아채지 못했을까요? 한편으로는 아이들끼리 이런저런 일이 있을 수 있는데 괜히 긁어 부스럼을 만드는 건 아닐까 걱정도 되었습니다. 남편한테 이야기하니 멀쩡한 애를 왜 아픈 아이 취급하냐고 펄쩍 뛰더군요. 정신이 하나도 없었지만 지금이 아주 중요한 시기라는 생각이 들었습니다. 남의 시선이 뭐가 중요하겠나 싶어 용기를 내서 회사에 사정을 이야기하고 일주일에 한 번씩 상담을 다니기로 하였습니다.

회사 앞에 있는 상담 센터로 무진이가 오게 하고, 상담이 끝나면 집까지 가는 길에 한 시간씩 이야기를 나눴습니다. 너무 멀리 오게 했나 싶어 미안했는데 얼굴 보기도 힘든 엄마랑 같이 손 붙잡고 다니는 것만으로도 좋다고 하는 아이를 보면서 그동안 얼마나 무심하게 지냈는지 반성이 되었습니다. 몇 달 동안

길거리 음식도 사 먹고 같이 이어폰으로 음악을 들으면서 수다를 떨다 보니 어느 순간 무진이가 아팠던 순간들을 털어놓기 시작했습니다. 처음 혜성이한테 인사를 했다가 무시당했던 일, '포키파' 애들이 둘러싸고 놀리는데 혜성이가 모른 척했던 일, 수행평가를 할 때 같은 조 친구들한테 조별 모임 연락을 못 받았던 일, '단톡방'에 초대되지 않은 일 등등 아이가 감당하기 어려웠을 마음의 상처들에 눈물이 났습니다.

> "친구라고 믿었을 텐데 너무 속상했겠구나. 정말 힘들었을 텐데 빨리 알아채 주지 못해서 미안하다. 용기 내서 말해 준 것도 고맙고, 잘 견뎌 주어서 고맙다."
>
> "너는 세상에서 가장 귀한 사람이야. 너를 아프게 하는 사람도 있지만 너를 사랑하고 너의 편이 되어 줄 사람들이 훨씬 더 많단다. 앞으로 이 문제를 어떻게 해결하고 싶니? 엄마 아빠가 어떻게 도와주면 좋겠니?"

힘든 일들을 견디고 이겨 내고자 하는 무진이에게 힘을 주고 싶었습니다. 어떻게 도와주기를 바라는지 물어보니 학교에 와서 난리 피우는 건 싫다고 합니다. 그냥 이 시간이 빨리 지나갔으면 좋겠다고 합니다. 지금은 조금 치사하게 괴롭히는 거지만 애들이 조금이라도 폭력을 쓰면 그때는 신고하게 도와 달래요. 무진이가 원하는 방식대로 문제가 해결되는 게 가장 좋겠지만 스트레스 해소는 필요해 보입니다. 이번 주에는 모든 일을 제치고 힐링 여행을 다녀와야겠어요.

'무진아, 기다려라. 엄마 아빠표 자존감 회복 프로젝트와 친구 되찾아 오기 프로젝트를 같이 만들어 보자.'

⚡ 아동 인권 한 스푼

내 아이가 학교에서 친구 관계가 원만하지 못하면 화가 나거나 걱정되기도 하고, 마치 내가 실패한 것처럼 느껴지기도 합니다. 지극히 정상적이고 당연한 감정입니다. 그러나 부모가 감정적으로 흥분하여 아이를 다그치거나 반대로 사회적 체면을 생각하여 문제를 덮어 두면 현명하게 문제를 해결할 기회를 놓치게 됩니다. 가장 중요한 것은 속상해하는 아이의 마음을 알아주고, 상황을 제대로 파악하는 것입니다.

학교 폭력을 예방하기 위해서는 행동이 거칠어졌는지, 비밀스러운 전화와 만남이 있는지, 성적과 생활에 기복이 심하며 귀가 시간이 늦어지는지, 돈 씀씀이가 증가하는지 등의 행동 징후를 살펴야 합니다. 반대로 학교에 지각과 결석을 자주 하고 전학을 가고 싶어 한다든가, 용돈을 지나치게 요구한다든가, 소지품을 자주 잃어버린다든가, 친구가 거의 없거나 몸의 상처를 제대로 설명하지 못하는 등 피해 아동의 행동 징후가 있는지도 꼼꼼히 관찰할 필요가 있습니다. 이를 위해서는 부모와 자녀의 대화가 단절되지 않도록 애정 어린 관심을 가지는 것이 기본일 것입니다.

2020년에 한국청소년정책연구원에서 초등학교 4학년부터 고등학교 3학년을 대상으로 〈아동·청소년 인권 실태 조사〉를 실시했습니다. 정서적 폭력에 해당하는 따돌림에 관한 조사 결과, 따돌림을 경험한 학생은 전체 8,602명의 학생 중 4.1%였습니다. 학교 급별로는 초등학생이 가장 많았고, 선후배나 친구들로부터의 피해 경험도 초등학생이 가장 높아 폭력이 저연령화되고 있음을 시사합니다. 또한 사이버 공간에서의 폭력도 늘고 있어 주의가 필요한 상황입니다.

최근 학교 폭력은 집단화, 조직화, 지능화되고 있습니다. 이유 없는 폭력과 따돌림이 늘어나고 죄의식도 희박해져서 신체적·언어적 폭력을 넘어 인격적 침해가 빈번합니다. 학교 폭력은 아동 간의 장난이나 몸싸움이 아닙니다. 학교 폭력 경험은 가해 아동과 피해 아동뿐 아니라 이를 지켜보는 모든 아동에게 큰 상처가 됩니다. 다른 사람의 권리를 존중하고 지켜야 하는 책임은 우리 모두의 몫입니다. 여기에는 아동도 포함됩니다. 아동과 직접 관련된 사람뿐만 아니라 학교, 지역 사회, 국가 모두에게 책임이 있습니다. 침묵하는 방관자가 아니라 용기 있는 방어자가 될 수 있도록 모두의 관심이 필요합니다.

청소년 인권을
말하다

"어린아이에게 배워라.
그들에게는 꿈이 있다."

| 헤르만 헤세(소설가) |

"아이들이 당신 말을 듣지 않는 것을
걱정하지 말고 그 아이들이 항상
당신을 보고 있음을 걱정하라."

| 로버트 풀검(작가이자 목사) |

보통 청소년기라고 하면 중고등학생 시기를 떠올리는데 '청소년기본법'에서는 "9세 이상 24세 이하의 시기"를 청소년기라 규정하고 있습니다. '청소년보호법'과 '청소년복지지원법'에서 청소년은 19세 미만이며, 아동복지법, 유엔 아동권리협약에서 아동은 18세 미만인 사람을 말합니다. 이 책은 유엔 아동권리협약을 바탕으로 하는 만큼 이해가 쉽도록 여기에서도 18세 미만을 모두 아동으로 부르고 있습니다. 청소년까지 포함해 이해해 주시기를 당부합니다.

청소년기는 아동기에서 성인기로 성장·발달하는 전환기입니다. 청소년기에는 신체를 비롯하여 정서적·도덕적·사회적 발달이 활발하게 이루어지며, 주변 환경과 또래의 영향을 많이 받고, 감수성이 예민해집니다. 과도기이며 모호한 시기라 정체성이나 진로에 대한 혼란과 고민 속에서 괴로워하기도 합니다. 그러다 보니 정서적으로 불안정하기도 쉽습니다. 청소년들이 자신을 있는 그대로 인정하고 권리 주체자로서 함께 살아가는 시민으로 성장할 수 있도록 관심을 기울여야 하는 이유입니다. 그래야 자아 정체성을 바르게 확립하고, 삶의 목표를 세우고, 자기 자신을 소중하고 가치 있게 여길 줄 압니다. 독립된 한 인간으로 성장하는 것입니다.

이런 청소년기, 부모의 역할은 무엇일까요? 혹시 자녀로 하여금 부모님이 원하는 목표를 갖도록 강압적인 언행을 하지는 않았나요? "다 큰 아이가 그것도 못 하니?" 하다가도 때로는 "어린 게 뭘 안다고, 내가 너보다 한참을 더 살았어. 부모 말을 들어야 성공한다."라며 일관되지 않은 태도를 보이지는 않는지요.

이 시대의 많은 부모가 자녀에 대해 과대평가나 과소평가를 합니다. 특히 청소년기에는 그 평가의 영역이 주로 학업에 치우치곤 합니다. 청소년을 '공부하는 학생'으로만 인식하게 되면 청소년들이 여가를 즐기거나 정치에 참여하고 집회에 참가하는 것을 그들의 권리로 보지 못하고 부정적으로만 평가하게 됩니다. 문제 행동을 해도 성적만 잘 나오면 "공부 스트레스를 푸느라 그런 거야. 별문제 없을 거야."라고 평가하고, 성적이 나쁘면 "꼭 공부도 못하는 것들이…… 싹수가 노랗다."라며 사실 관계도 확인해 보지 않고 낙인을 찍습니다.

청소년들의 주 생활 터전인 학교에서 열악한 인권 상황을 개선하고 교육받을 권리를 제대로 보장하기 위해 '학생 인권 조례'를 만들었습니다. 청소년이 학교에서 존엄한 존재임을 인정받고 보호받을 수 있도록 한 것입니다. 학생 인권 조례는 유엔 아동권리협약의 학교 버전이라고 생각하셔도 좋습니다. 대한민국은 유엔 아동권리협약 비준국임에도 불구하고, 학생 인권 조례가 제정되고 공포되기까지 반발이 심했습니다. 청소년 인권에 대한 인식이 부족했던 것이지요. 거센 반발에도 2010년 경기도를 시작으로 광주, 서울, 전북, 제주, 충남 등에서 10여 년에 걸쳐 전국적으로 학생 인권 조례가 제정되었습니다. 주요 내용으로는 차별받지 않을 권리와 폭력으로부터 자유로울 권리, 소지품 검사 금지 및 휴대폰 사용의 자유 등 사생활 보장, 양심·종교·집회·표현의 자유, 소수 학생의 권리 보장 등입니다.

그런데 학생 인권 조례의 내용이 과연 교육적으로 바람직한가 의문을 제기하고 부작용을 우려하는 목소리가 계속되고 있고, 폐지를 시도하는 움직임까지 나타나고 있습니다. 2023년 유엔 인권최고대표사무소는 한국의 학생 인권 조례 폐지 움직임에 대하여 "학생들을 보호할 여력이 줄어들 수 있고, 국제적인 인권 기준에 반하는 처사이므로 심각한 우려를 표한다."(《중앙일보》 2023.1.30.)라고 밝혔습니다. 이것이 우리 사회가 청소년을 바라보는 수준이고, 청소년 인권의 현주소입니다.

여러분은 학생의 권리에 대해 어떻게 생각하고 있나요? 어린이, 청소년은 이등 시민이나 아랫사람이 아니며 성인과 완벽하게 동등한 인간으로 대우받을 권리가 있습니다. 어린이, 청소년은 미성숙하다는 편견으로 참여 기회를 제한하는 것은 실수를 통해 배우거나 책임질 기회 또한 차단하는 것입니다. 어린이, 청소년이 삶의 주인으로 자기 결정 기회를 온전히 누릴 수 있을 때 훌륭한 시민으로 잘 성장할 수 있을 것입니다.

그런 애랑
놀지 마라

👤 친구까지 정해 주고 싶은 은성 아빠

선생님, 큰일 났어요! 친구 따라 강남 간다는데, 아이 친구가 완전 욕쟁이예요.

👤 선택권을 주고 싶은 명 강사

친구 부모님 앞에서 욕을 할 정도면 심하기는 하네요.

👤 친구까지 정해 주고 싶은 은성 아빠

직접 본 적은 없어요. 아이 '카톡'을 보니까 욕으로 도배를 했더라고요.

👤 선택권을 주고 싶은 명 강사

아이 몰래 카톡을 보거나 친구 관계에 섣불리 개입하는 건 오히려 독이 될 수 있습니다.

은성이는 열세 살입니다. 하루는 스마트폰으로 웹 소설을 읽고 있기에 살펴보니 판타지를 가장한 쓰레기였어요. 친구 우빈이가 무료 사이트를 알려 줬대요. 아무래도 수상해서 스마트폰을 뒤져 보다가 우빈이랑 주고받은 '카톡'을 보고 깜짝 놀랐어요. '쓰ㅂ, xx, 동생이 죽어 버리면 좋겠어' 같은 끔찍한 내용 투성이지 뭐예요.

저런 애랑 어울리다가 잘못되면 어떡하나 싶어서 다시는 같이 놀지 말라고 말했는데 은성이는 말귀를 못 알아들어요. "아빠는 왜 내 폰을 함부로 보는 거야! 우빈이에 대해 잘 알지도 못하면서 왜 사귀라 마라 하는 거야. 내가 아빠 친구 만나지 말라면 좋겠어?" 하며 펄쩍펄쩍 뜁니다.

제가 '톡'을 안 봤으면 걔가 그렇게 나쁜 애인 줄도 몰랐을 거예요. 세상에 놀 친구가 걔 한 명밖에 없는 것도 아닌데 기왕이면 자기에게 도움 되는 사람, 좋은 사람을 만나는 게 좋은 것 아닌가요? 부모가 이 정도도 관리를 못 하나요?

✸ 사례의 재발견

열세 살 은성이는 단짝 우빈이와 학원도 같이 다니고 하루에도 수십 번씩 메시지를 주고받아요. 은성이는 요즘 우빈이가 추천해 준 웹 소설을 보고 있는데 장르가 판타지라 마음에 든대요. 어려서부터 《나니아 연대기》랑 《명탐정 코난》에 푹 빠지더니 역시 판타지와 추리 소설을 좋아하네요. 내용이 궁금하다고 하니 다운받는 법을 알려 주어서 저도 읽어 보았습니다. 그런데 상상하던 것과 다르게 유치하고 저질스러운 표현에 깜짝 놀랐습니다. 스토리가 빈약하고 폭력적인 표현이 많아서 몰입이 안 된다고 솔직한 감상 평을 들려주니 은성이도 사실 그렇게 느끼고 있었다고 하네요. 주말에 서점에서 멋진 추리 소설을 골라 보자고 하니 너무 좋아합니다.

말 나온 김에 우빈이와 '톡'을 많이 하던데 무슨 이야기를 주고받느냐고 물어보았어요. 그랬더니 대뜸 오버하지 말라고 각을 세우더군요. '아, 이건 선을 넘는 거구나. 실수할 뻔했다.'라고 느꼈습니다. 어차피 관계의 결정권은 아이가 가지고 있는데, 잘못 개입해서 앞으로 친구 관계에 대해 입을 다물어 버리면 그런 손해가 어디 있겠습니까?

혹시 모르니 "친구가 나쁜 말을 하거나 옳지 못한 행동을 하면 그 친구를 걱정해 주되 나쁜 행동은 절대 따라 해서는 안 된다."라고 말했더니 쓸데없는 잔소리라며 피식거리면서도 자기를 믿으래요. 안 그래도 요즘 우빈이가 동생 문제로 스트레스가 많아서 '톡'으로 욕을 한 바가지씩 퍼붓는다고 오히려 걱정을 토로합니다. "그럴 때 너는 어떻게 대답하니?" 하고 물어보니 읽기만 하고 답을 짧게 써 준대요. 욕은 빼고요. "오올! 쉽지 않을 텐데 휘말리지 않는 비결이 뭐야?" 하고 물어보니까 맨입으로는 안 가르쳐 준다고 씩 웃었습니다.

✕ 아동 인권 한 스푼

아이들에게 친구는 어떤 존재일까요? 친구는 부모가 채워 줄 수 없는 즐거움을 주기도 하고, 새로운 방식으로 세상을 살아가는 법을 가르쳐 주기도 합니다. 평생 가는 친구가 될 지 스쳐 지나게 될지 알 수 없지만 지금 현재 가장 중요한 인간관계를 경험하는 중이기 때문에 아이들에게 정말 치열한 문제입니다.

아이들은 자신이 원하는 친구를 사귀고, 자신이 원하는 모임에 참여할 권리가 있습니다. 그 과정에서 어떤 성향의 친구가 나와 더 잘 맞는지 경험하고, 스스로 사회적 기술을 깨우치게 됩니다. 친구 관계는 혼자서만 잘한다고 잘되는 것도 아니지만 그렇다고 내 입맛에 맞는 '완벽한 친구'를 마트에서 쇼핑하듯이 사 올 수도 없습니다. 때로는 손해를 보기도 하고 희생하기도 하면서 도움을 주고받으며 관계를 배우는 것이죠.

자녀가 미성숙하고 판단력이 부족하다고 생각해서 부모가 친구 관계마저 대신 판단하고 결정하는 것은 지나친 간섭이

됩니다. 대화를 나누고 좋은 선택을 하도록 정보를 제공할 수는 있지만, 관계의 결정권은 자녀에게 온전히 주어야 합니다. 은어, 욕설, 폭력과 관련된 징후를 발견해 걱정이 될 때, 부모가 해 줄 수 있는 것은 좋은 경계선을 그어 주는 것입니다. 그 경계선이란 친구와의 관계가 건강하지 못하다는 신호가 느껴질 때는 언제든 도움을 청할 수 있다는 것, 친구의 나쁜 행동을 따라 하지 않아야 함을 알려 주는 것입니다.

"친구는 정말 소중한 존재지. 하지만 혹시라도 친구가 나쁜 말이나 행동을 한다면 따라 하거나 휩쓸려선 안 된단다. 친구와 불편하거나 염려되는 일이 있을 때는 언제든지 말해 주겠니?"

부모라는 이유만으로 친구를 대신 선택하고 관리하려고 하면 어떻게 될까요? 아동은 나답게 성장할 권리와, 자신과 관련된 문제를 저마다의 방법으로 해결할 기회를 박탈당하게 됩니다. 나와 다른 사람, 문제가 있는 사람을 무조건 멀리하고 떼어 내는 방식으로는 누구나 소중하고 존중받아야 함을 배울 수 없습니다. 오히려 친구와 함께 상생하는 좋은 방안을 모색하는 것이 관계를 주도하는 힘을 길러 줍니다. 좋은 관계는 저절로 만들어지는 것이 아닙니다. 사람을 보는 눈,

세상을 보는 눈을 기르기 위해서는 부모님의 따뜻하고 유쾌한 응원이 필요합니다.

유엔 아동권리협약 제12조에서는 "아동의 견해에 대하여는 아동의 연령과 성숙도에 따라 정당한 비중이 부여되어야 한다."라고 하였습니다. 이는 발달에 따라 아동 참여를 제한해도 된다는 것이 아니라 아동의 능력을 적절하게 반영하여 참여를 촉진할 방법을 모색해야 한다는 의미입니다.

굿네이버스에서 발표한 '2021 대한민국 아동 권리 지수' 평균은 69.5점이며, 보호권(84.6점), 발달권(72.3점), 생존권(65.5점), 참여권(55.7점) 순으로 권리 영역별로 다소 차이가 있습니다. 참여권은 아동이 가장 능동적으로 행사할 수 있는 중요한 권리임에도 불구하고, 생존이나 보호와 관련된 시급한 사안에 비하여 중요성이 덜 강조되는 경향이 있습니다. 그러나 참여권은 아동들이 권리를 침해받았을 때 자신의 의사를 표현하고, 자신이 원하는 방향으로 결정되도록 영향력을 행사하는 과정에서 민주 시민의 역량을 기르도록 하는 권리이기에 더욱 의미가 있습니다.

천국 갈래,
지옥 갈래?

아이와 함께 천국 가고픈 지섭 맘

매일 아이를 위해 기도하고 있어요. 그런데 아이가 교회 다니기를 싫어해서 걱정이에요.

지금 행복했으면 싶은 명 강사

교회 가는 대신 뭘 하고 싶다고 하나요?

아이와 함께 천국 가고픈 지섭 맘

안 간다는 게 문제라니까요. 지난번엔 너 그러다가 지옥 간다고 소리쳤더니 울더라고요.

지금 행복했으면 싶은 명 강사

심한 말을 들어서 속상했나 봐요. 부모님이 진짜 원하는 행복은 어떤 모습인가요?

저는 지섭이가 하나님의 말씀과 축복 속에서 행복하게 살기를 바라요. 그래서 하나님이 너를 얼마나 사랑하시는지 말해 주고 매일 잠자기 전 10분씩 성경책도 읽어 주고 아이를 위해서 기도도 정말 많이 했어요. 그런데 어릴 땐 주일 학교를 잘 다니던 아이가 요즘은 교회 가기 싫은 티를 팍팍 냅니다. 왜 그러는지 모르겠어요.

지섭이와 진지하게 이야기를 나누다가 깜짝 놀랐어요. 아빠랑 자기는 엄마 때문에 억지로 교회를 다니고 있다는 거예요. 아빠도 무교였는데 엄마랑 결혼한 뒤 교회를 다녀서 사람이 됐다고 그러지 않았냐며 저더러 폭군이래요. 친구들은 주말에 놀이공원에서 신나게 놀았다는데 나만 이게 뭐냐며, 이번 주에도 교회 안 가면 안 되냐고 합니다. 말 같지도 않은 소리에 기가 막혀서 나도 모르게 소리치고 말았어요. "너 그따위로 하면 벌 받는다. 천국 못 가고 지옥 간다니까!" 지섭이는 되려 "꾸역꾸역 교회 가는 게 진짜 지옥이에요!"라며 방문을 쾅 닫아 버렸어요. 나도 강요하고 싶은 건 아닌데 어쩌면 좋을까요?

✱ 사례의 재발견

제가 아이에게 줄 수 있는 최고의 선물은 '신앙'이에요. 성경

말씀을 기반으로 올바르게 키우면 하나님 안에서 행복한 삶을 살게 될 거라 믿어요. 교회도 즐겁게 다니고 교회에서 좋은 사람들을 많이 만나고 나눔도 실천하면 좋겠어요.

지섭이는 어려서는 주일 학교 다니는 것을 좋아했는데 요즘은 부쩍 교회를 안 가고 싶어 하는 게 느껴집니다. '교회에서 무슨 일이 있었나? 주중 일정이 너무 빡빡해서 피곤한가?' 이런저런 걱정에 물어보니 그냥 교회 다니기가 싫은 거래요. 속마음을 알고 싶어서 "만약에 교회를 가지 않는다면 그 시간에 무얼 하고 싶은 거니?"라고 물어보았어요. "그냥 실컷 늦잠 자고 게임도 하고 뒹굴고 싶어요. 친구들이랑은 학원 시간이 안 맞아서 평일에 많이 못 노는데 일요일에 하루 종일 놀아 보고 싶어요."라고 말합니다. 그러더니 제 눈치를 살짝 보면서 "교회 가는 게 완전 싫은 건 아니니까 한 달에 한 번 정도만 다니면 안 되나요?" 하고 물어봅니다.

나 자신에게 스스로 물어보았어요. '나는 아이가 하나님을 만날 수 있기를 바라는 걸까? 교회에 출석하기를 바라는 걸까?' 생각해 보면 저도 교회를 다니기 전 미션 스쿨에서 채플 시간에 기도를 해야 할 때 괜히 짜증 나고 자유가 없다고 느꼈어요. 요즘은 학교에서도 특정 종교를 강요하지 않고 아이들에게 자유를 보장한다고 하는데 '내가 좋다고 생각하는 걸 나도 모르게 강요하고 있었구나.' 하는 생각이 들었습니다. 어떻게 하면 나에게 중요한 믿음도 지키고 아이의 권리도 존중할 수 있을까요? 내일은 아이에게 이렇게 말해 봐야겠어요.

"엄마는 교회를 다니고 하나님 말씀을 듣는 게 정말 중요하다고 생각해. 너랑 같이 다니고 싶은 마음이 커서 강요하듯이 말했었나 봐. 하지만 네가 교회를 다니지 않는다고 해서 하나님도 엄마도 너를 사랑하지 않는 건 아니란다."

"네가 너무 힘들고 싫다고 하니까 네 의견을 존중해 주면서 기다리고 싶어. 우리, 교회를 절대 빠지면 안 된다거나 절대 다니지 않겠다고 정하지 말고, 교회 가고 싶을 때는 언제든 가는 것으로 정해 볼까? 엄마는 그동안 너를 위해 기도하면서 기다려 줄게."

⧗ 아동 인권 한 스푼

세계인권선언 제18조에 의하면 모든 사람은 사상, 양심 및 종교의 자유를 누릴 권리가 있습니다. 종교의 자유는 자신의 의사에 따라서 신앙을 선택하거나 선택하지 않을 권리, 신앙을 강요받지 않을 권리를 포함합니다. 아동도 예외는 아닙니다.

하지만 부모가 자신이 믿는 신앙을 자녀에게 권하고 싶은 것은 당연한 일일 것입니다. '아동에게 종교의 자유가 있다'는 것이 부모 입장에서는 자기 신앙에 따라 자녀를 교육할 권리를 침범하는 듯 느껴질 수 있습니다. 두 가지 권리가 상충하는 듯하지만 교육은 '아동 최상의 이익' 원칙에 따라 자녀의 신체적·정신적 건강을 위협하지 않는 선에서 이루어져야 하므로 부모의 자유도 제한될 수 있음을 이해해야 합니다. 종교가 없거나 다른 종교를 가진 사람들에게 나의 종교를 강요할 수 없듯이, 자녀도 온전한 인격체로 본다면 종교를 강요하는 것을 정당화할 수 없습니다.

한국청소년정책연구원이 진행한 〈2020 아동·청소년 권리에 관한 국제 협약 이행 연구〉총괄 보고서에 의하면 아동·청소년에게 '부모·형제와 상관없이 원하는 종교를 가질 수 있는지'를 조사한 결과, 응답자의 82.1%가 "그렇다"라고 응답하였고, 이는 2014년 74.2%, 2018년 78%와 비교할 때 꾸준히 증가한 수치입니다. 그러나 여전히 17.9%의 아동, 청소년은 종교의 자유를 누리지 못하고 있습니다.

종교를 가진 많은 부모가 "다 널 위해서야."라고 말하며 종교를 권하지만 받아들일 준비가 안 된 아동에게는 원치 않는 선물에 불과합니다. "이렇게 좋은 걸 넌 왜 안 해?"라고 하는 것은 또 다른 압박과 강요일 수 있습니다. 종교라는 이름으로 의견을 무시당하고 짓밟히게 되면 '믿음'이나 '은혜'라는 아름다운 단어도 폭력적으로 느껴질 수 있습니다. 아무리 부모가 좋은 의도로 하는 일이라 하더라도 원치 않는 방식으로는 제대로 전달될 수 없고 본질을 흐리게 됩니다.

자신이 믿고 싶어서 믿는 건강한 신앙을 가지려면 인간적으로 성장하고 발달하는 것이 우선되어야 합니다. 부모는 종교를 강요하는 것이 아니라 종교에 대한 많은 경험과 기회를 제공하고 스스로 종교에 대한 견해를 형성할 수 있도록 조력자 역할을 하는 것이 중요합니다. 아동은 종교의 추상적인 말보다는 종교에 대한 부모의 태도를 통해 세상을 배우고 종교를 받아들입니다. 내 자녀라고 해서 함부로 대해도 되는 것은 아닙니다. 아동은 인형이 아니라 인격체이기 때문에 믿음을 가지게 하는 일에도 세뇌가 아니라 존중이 있어야 합니다. 부모가 자신의 종교를 권할 수는 있으나, 그것을 선택하는 것은 자녀의 몫입니다.

엄마를 닮아서
미운 아이

열다섯 살 해인이 아빠의 이야기

👤 엄마 환박이 딸이 불편한 해인 아빠

작은딸이 제 엄마를 많이 닮았답니다. 왜 저를 안 닮고 엄마를 닮았는지 모르겠어요.

👤 덩달아 마음 아픈 희 강사

아이가 부모를 닮는 것이 당연한데 그것이 왜 불편하신가요?

👤 엄마 환박이 딸이 불편한 해인 아빠

아이만 보면 이혼한 전처가 생각이 나고 불편한 감정이 올라옵니다.

👤 덩달아 마음 아픈 희 강사

그건 진짜 아이 잘못이 아닌데……. 자칫 아이가 아빠를 멀리할까 걱정되네요. 도움이 필요할 땐 도움을 청해야 합니다.

저는 이혼한 뒤 중학교 2학년인 딸 해인이를 키우고 있는 싱글 대디입니다. 결혼 생활 내내 성격 차로 불화가 심하긴 했지만 모녀 사이가 좋은 편이라 자식을 위해서 참고 살아야지 하는 생각도 있었습니다. 그런데 결국 아내의 불륜으로 헤어지게 되었고 딸아이의 양육권을 가져오며 우리끼리 어떻게든 잘 살아 보자 생각했습니다.

그런데 살면서 순간순간 딸아이의 모습에서 아내의 모습을 볼 때마다 알 수 없는 화가 치밀어 올랐습니다. 그런 날은 술을 먹고 아이에게 "너는 엄마를 닮았어. 더러운 씨를 타고났어. 꼴 보기 싫으니 내 눈앞에서 사라져."라며 폭언을 하기도 했습니다. 아침에 정신 차리면 딸에게 너무 미안해서 사과하고 선물을 사 주기도 했습니다. 딸아이는 마지못해 웃는 얼굴로 괜찮다고 말하지만 힘들어하는 것을 알고 있습니다. 그렇지만 이 끔찍한 상황을 멈추기가 쉽지 않습니다.

얼마 전 또 술을 마시고 딸에게 욕설과 함께 손찌검을 했습니다. 그 후에는 기억이 없습니다. 멈춰지지 않는 제가 두렵고 딸에게도 미안합니다. 폭력적인 언행을 멈추는 일과 감정 조절하는 일이 어렵습니다. 저는 어떻게 해야 할까요?

✹ 사례의 재발견

2년 전 이혼을 하고 직장을 다니며 사춘기 딸을 키우고 있는데 혼자 양육을 하는 현실을 받아들이기가 아직 힘든 상태입니다. 아내의 불륜으로 인해 합의 이혼을 했는데 아내를 닮은 딸을 보면 마음이 더 힘듭니다. 물론 저도 해인이가 부모의 이혼으로 얼마나 상처받았을지 잘 압니다. 어느 날 갑자기 잘 지내던 엄마와 헤어지고 아빠하고만 살게 되었으니 딸아이도 힘들고 혼란스럽겠지요. 사춘기 딸이 받았을 상처를 생각하면 더 잘해 주고 딸아이의 힘든 마음을 보듬어 주고 싶은데 뜻대로 되지 않습니다.

얼마 전에도 술을 먹고 해인이한테 괜히 엄마 닮았다고 트집을 잡고, 꺼지라는 심한 말을 했습니다. 더 이상 상처를 주면 안 된다는 생각에 상담을 시작하면서 그게 해인이 엄마한테 다 풀지 못한 감정이 해인이에게 잘못 향하고 있는 것임을 깨닫게 되었습니다. 잘못된 걸 알면서 계속 반복하면 아무리 사과해도 돌이킬 수 없는 시점이 오게 된다는 것도 압니다. 술을 끊고 제정신을 유지해야 나의 우울과 무력감, 자괴감을 해인이에게 전가하지 않을 수 있다는 생각에 이번 상담에서는 금주를 위한 집단 프로그램에 참여하기로 약속했습니다. 해인이에게도 아빠의 결심을 알려 주려고 합니다. 중요한 이야기는 집에서 하기보다 분위기를 바꿔서 하는 게 좋겠다는 조언에 따라 카페에 함께 갔습니다.

> "해인아, 오늘 저녁에 아빠한테 시간 좀 내줄래? OO 카페에 가고 싶은데 혼자서는 자신이 없구나."
> "사실은 정말 하고 싶은 말이 있어서 밖에서 만나고 싶었어."
> "아빠가 자꾸 해인이한테 해서는 안 될 말과 행동을 했었는데…… 미안해. 안 하겠다고 하고 약속을 못 지켜서 면목이 없구나. 정말 미안하다."
> "혼자 힘으로는 잘못된 것을 바로잡기가 어려워서 도움을 받기로 했어. 다음 주부터는 금주 프로그램에도 참가하기로 했단다."

해인이는 "아빠 힘든 거 알아요. 저도 힘들었지만 아빠가 더 힘들 거란 생각에 참았어요. 그래도 아빠가 진심으로 사과해 주고 우리 생활이 달라질 수 있다고 생각하니 좋아요. 힘들겠지만 아빠가 잘 버텨 주시면 좋겠어요. 우리 둘이 행복하게 지내요. 전 아빠가 행복했으면 좋겠어요."라고 합니다. 힘들게 했던 아빠를 원망하지 않고 위로하고 응원하는 딸을 보니 다시 한번 시작해 보자는 의욕이 생겼습니다.

"네가 내 딸이라 너무 고맙다. 딸이 응원해 주니 더 힘을 내야겠네. 아빠 한번 믿어 봐."
"아빠 엄마는 헤어졌지만 너는 언제나 우리 딸이고 어떤 상황에서도 사랑해."

⚱ 아동 인권 한 스푼

가정 내 아동 학대 사건이 종종 보도됩니다. 보도되는 사건 대부분은 심각한 학대로 어린 아동이 사망하거나 크게 다친 경우입니다. 그렇다 보니 '학대는 저연령대 아동에게 많이 일어나는 심각한 폭력'이라고 생각하는 경향이 있습니다. 그런데 2022년 발표된 보건복지부의 아동 학대 통계를 보면 피해 아동의 연령이 0~6세 21.9%, 7~9세 18.8%, 10~12세 23.5%, 13~15세 24.3%, 16~17세 11.5%입니다. 이 수치는 매해 비슷합니다. 학대는 전 연령대 아동에게 발생하고 있습니다. 학대 행위자들은 대부분 아동이 잘못된 행동을 해서 훈육을 한 것이라고 했지만, 학대의 실제 이유를 보면 대부분 밥을 늦게 먹어서, 숙제를 안 해서, 동생과 싸워서, 묻는 말에 답을 빨리 안 해서 등 일상의 사소한 문제 때문이었습니다. 일부는 "아동의 행동과 무관하다."라고 답하기도 했고 "아동이 가정 폭력을 신고해서" "육아나 가정생활이 힘들어서" "그냥 홧김에"라고도 답했습니다. 내 아이니까 내 마음대로 분풀이를 해도 되고 내 마음대로 가르쳐도 된다는 생각, 아이니까 어른이 맘대로 대해도 된다는 생각이 아동들을 사지로 몰고 가고 있는 것은 아닌지 생각해 봐야 합니다.

내 상황이나 감정이 힘들다 하여 다른 사람에게 유형, 무형의 폭력을 가하는 것은 더 큰 불행을 몰고 올 수 있습니다. 특히 아동에게 가해지는 폭력이 그렇습니다. 아동에게 99번 사랑을 주고 한 번의 폭력을 가했다 해도, 아동은 그 한 번에 목숨을 잃기도 하고 심신을 크게 다쳐 평생을 트라우마 안에서 괴로워할 수도 있다는 것을 기억해야 합니다.

유엔 아동권리협약 제5조에서는 부모를 비롯해 아동을 보호하는 성인들은 아동의 잠재력을 키워 줄 수 있는 방법으로 적절한 감독과 지도를 행할 책임과 의무가 있다고 언급하고 있습니다. 부모의 책임과 의무에는 적절하고 안전한 생활 환경을 제공하는 것뿐만 아니라 양질의 시간을 나누고 무조건적인 사랑을 보여 주는 것도 포함됩니다. 청소년이라고 부모의 사랑을 덜 표현해도 되는 것은 아닙니다. '이제 좀 컸으니 수월하겠지. 알 건 다 아는 나이잖아? 머리가 컸으니 다 이해하겠지.'라는 생각은 위험합니다. 영유아기, 아동·청소년기, 청년기, 성인기에도 부모는 여전히 '중요한 타인'으로서 영향력을 미칩니다. 여러분의 영향력은 생각보다 큽니다.

성적보다
소중한 너!

열여덟 살 민호 엄마의 이야기

😤 성적이 너무 중요한 민호 엄마

> 자식이 아니라 상전이에요. 자기 시험 못 봤다고 얼마나 성질을 부리는지……. 시험은 저 혼자 준비했나요? 저희도 TV도 못 보고 비위 맞추느라 힘들었어요.

😤 성적이 너무 중요한 민호 엄마

> 그냥 공부만 하면 되는데 뭐가 문제인지. 시험을 못 봤으면 미안해야지 왜 성질을 부릴까요?

😤 아이 입장을 생각하는 희 강사

> 참 속상하시겠어요. 하지만 시험 못 본 당사자가 가장 속상하지 않을까요?

오늘은 고등학교 2학년 민호의 중간고사가 끝나는 날입니다. 학교 끝나고 집에 온 민호의 표정이 너무 어두웠어요. 그런데도 제일 먼저 "시험 잘 봤니? 몇 점이나 나올 것 같아?"라는 말이 튀어나왔습니다. 이제 곧 고3이라 목표하는 대학에 들어갈 만큼 내신 성적이 나와야 하는데 정말 걱정입니다. 민호는 성적이 잘 나오지 않아서 너무 속상해했습니다.

"저는 희망이 없어요. 열심히 공부했고 학원도 옮겼는데 왜 성적이 안 오를까요?"

하염없이 걱정을 털어놓고 하소연하는 민호에게 저도 모르게 "그 비싼 학원에 가서 뭘 배웠니? 너한테 들인 돈이 얼마인데. 제발 정신 좀 차려라. 이따위로 할 거면 다 때려치워!"라는 말이 저절로 터져 나왔습니다.

민호는 "나는 엄마가 그렇게 말할 줄 알고 있었어요. 위로는 못 해 줄망정 꼭 그렇게 이야기해야 해요? 엄마 때문에 더 열 받아요." 하며 뒤돌아섭니다.

✸ 사례의 재발견

민호는 옷을 좋아하는 아이입니다. 멋진 옷을 입는 것, 다른 사람에게 어울리는 옷을 코디해 주거나 디자인하는 것을 좋아합니다. 패션을 전공해 보겠다며 특성화 고등학교에 진학하겠다고 이야기했었지요. 그런 민호에게 안정적인 삶을 살아가기 위해서는 인맥과 전문적인 기술, 공부가 필요하다며 자사고에 입학시키고 이과 계열 선택, 명문대 입학을 요구했던 게 바로 우리 부부였습니다.

성적에 상심하는 민호를 보면서 제가 그동안 아이에게 보여 온 태도를 생각해 보게 되었습니다. 저의 근심거리는 오로지 아이의 공부 습관, 수업 태도, 성실성, 성적뿐이었습니다. 늘 민호를 압박하고 긴장 속에서 앞만 보고 달리게 한 것 같습니다. 초등학교부터 중학교 내내 성적이 떨어지면 용돈을 깎기도 하고 "이렇게 해서 어떻게 대학을 가겠냐. 정신 차려라. 조금만 참아라. 명문 대 입학하면 너도 생각이 달라질 거야." 하며 윽박지르고 우리의 생각을 주입하려 했습니다.

아이를 위한다는 명목하에 정작 아이가 좋아하는 것을 선택하게 하지 못했다는 생각이 들었습니다. 아이가 불행하다고 느끼면 어떻게 하나 걱정되었습니다. 갑자기 아직 민호가 고등학교 2학년이라는 것이 다행스럽게 느껴졌습니다. 얼마든지 자신을 위한 선택을 할 수 있는, 기회가 많은 나이니까요. 가장 사랑하는 존재라고 말하면서도 자신의 인생을 스스로 선택할 기회조차 주지 않는 것이 옳은 일인지, 부모에게 자녀의 진로를 선택할 권리가 있는 것인지 생각하게 되자 몇십 년 전 "내 인생은 나의 것, 내 인생은 나의 것, 나는 모든 걸 책임질 수 있어요."
하는 유행가를 흥얼거렸던 나의 모습이 떠올랐습니다. 민호의
마음도 딱 그렇겠지요. 이번 시험 결과로 가장 힘든 사람은 민
호일 텐데 어떻게 도움을 주어야 할지 고민해 보기로 했습니다.
진로에 대해서도 민호와 남편과 다시 진지하게 대화해 봐야겠
습니다.

> "열심히 준비했는데 생각보다 결과가 좋지 않아 상심이
> 크겠구나. 네가 열심히 한 거 다 알고 있어. 다음을 기약
> 하고 우리 파이팅 해 보자. 오늘은 너를 행복하게 하는
> 것을 하면서 쉬면 어떨까? 좀 쉬고 나서 네가 고민하는
> 것에 대해 함께 해결책을 찾아보자."

⚙ 아동 인권 한 스푼

초록우산재단에서 실시한 〈2022년 아동 행복 지수〉 조사 결과에 따르면 코로나19 발생 이후 전반적으로 아동의 자살 충동과 우울, 불안, 공격성 등이 증가했다고 합니다. 아동들은 학원을 다니면서 학업 시간이 길어져 어쩔 수 없이 편의점, 분식점 등에서 혼자 밥을 먹는 '혼밥'을 경험하게 되는데, 혼밥을 하는 횟수가 늘어날수록 행복감이 떨어질 수 있다는 분석도 나왔습니다.

공부가 주요 과업이 되어 버린 아동들은 평일은 물론이거니와 주말에조차 가족과 저녁 식사 한 끼를 함께하기 힘든 시간을 보내고 있습니다. 무엇이 그들을 이렇게 내몰았을까요? 지금 아이들이 얼마나 힘든 시간을 보내고 있는지 돌아봐야 합니다.

살기가 힘들다, 우리 사회가 이렇다 저렇다 말이 많은 세상입니다. 우리는 자녀가 이 사회에서 행복할 수 있도록 최선을 다해야 하며 더불어 살아가기에 좀 더 나은 세상을 만들어야 하는 의무가 있습니다. 아이들이 살기 좋은 나라, 아이 키우기 좋은 나라가 되려면 학업 성적과 진학한 대학으로 아동의 능력과 가치를 평가하는 사회적 인식을 끊어 내야 할 것이며, 그 변화는 '나'로부터 시작되어야 합니다.

우리 가족은
'호모 스마트쿠스'

열다섯 살 중기 엄마의 이야기

👤 폰을 부수고 싶은 '폰생폰사' 중기맘

요즘 스마트폰 없으면 못 사는 '호모 스마트쿠스'가 많대요. 우리 집도 각자 방에서 '톡'을 해요.

👤 눈 맞춤이 대화의 기본이라는 뽀 강사

가족끼리 얼굴 보며 대화하는 시간은 꼭 필요해요.

👤 폰을 부수고 싶은 '폰생폰사' 중기맘

저는 어른이라서 괜찮지만 아이들한테 휴대폰은 너무 해로운 것 같아요.

👤 눈 맞춤이 대화의 기본이라는 뽀 강사

부모님부터 폰을 내려놓고 아이들과 함께하는 시간을 가져 보세요.

중학교 2학년 중기는 아침에 눈 뜨자마자 스마트폰부터 찾습니다. 혹시라도 잠든 사이에 친구들이 메시지를 남겨 두지는 않았는지, 웹툰 작품이 새로 올라왔는지, 구독 중인 유튜버의 새로운 영상이 올라오지는 않았는지…… 살펴봐야 할 것이 한두 개가 아닙니다.

오늘도 아빠가 출근길에 중기를 데려다주려고 기다리고 있지만, 중기는 친구와 '카톡'을 하느라 식탁에 앉아서도 밥을 먹는 둥 마는 둥 하고 시간만 자꾸 흘러갑니다. 이러다 아빠도 중기도 지각할 것 같아 엄마 아빠는 계속 재촉합니다. "그만 좀 보고 빨리 먹으라고!" 계속되는 재촉에 중기의 목소리도 점점 커집니다. "아, 내가 알아서 한다고! 잔소리, 잔소리!" 중기는 들고 있던 수저를 놓고 가방을 메고 나오며 들으라는 듯이 큰 소리로 말합니다. "엄마 아빠도 집에서 계속 스마트폰만 보면서 나는 왜 못 보게 하냐고." 그러고는 문을 쾅 닫고 나갑니다.

사실 저희 집은 가족 모두가 스마트폰을 보는 시간이 많습니다. 밥을 먹을 때도, 차를 타고 외출을 할 때도 서로 대화가 별로 없습니다. 서로에게 할 말이 있을 때도 주로 가족 '단톡방'에 글을 남겨요.

"중기야, 오늘 엄마가 회사에서 늦어. 뭐 먹고 싶은 것 있어? 사 갈게." 생일 선물도 메시지와 함께 스마트폰으로 전달합니다. 휴일에도 엄마 아빠는 스마트폰으로 유튜브와 영화를 보고 쇼

핑도 합니다. 점심 메뉴를 정할 때도 각자의 방에서 '단톡방'을 통해 소통합니다. 간혹 엄마인 제가 대화를 시도하기는 하지만 대부분 학원이나 공부, 스마트폰과 같은 주제다 보니 아이가 단답형으로 대답하기 일쑤입니다. 또 서로를 비난하거나 불만족을 표현하다 큰 소리를 내며 마무리될 때도 많습니다. 특히 중기는 스마트폰을 못 하게 하면 물건을 던지거나 소리를 지르기도 합니다. 그럴 때면 중기 아빠는 스마트폰이 문제라며 강제로 스마트폰을 빼앗아 가기도 합니다. 저희 가족은 달라질 수 있을까요? 친구들과 상의해 봐도 뾰족한 수가 보이지 않네요.

친구1   학원 갔다 집에 늦게 오는데 언제 놀아? 스트레스는 어떻게 풀어? 우리도 스마트폰 손에 달고 살지만 할 거 다 하잖아요? 공부 안 하는 애는 스마트폰 안 해도 다른 거 하고 놀아요.

친구2   아휴, 나도 스마트폰 끊으라면 못 살아. 애들도 숨 좀 쉬고 살아야지.

친구3   우리 애는 2G 폰만 써. 우리도 어렸을 때 스마트폰 있으면 안 했겠냐고.

중기 엄마   아니, 그럼 어떻게 조절하란 말이야? 못 하게 하면 더 숨어서 하니까 답이 없네. 자기 집 애는 스스로 잘하고 성적도 나오니까 그러지 우리 애는 손에 한번 쥐면 아예 안 내려놔.

친구 4   우리 남편 친구는 글쎄 어두운 데서 스마트폰을 많이 봐서 실명 위기래요. '망막 박리'라는데 너무 무서워요.

✸ 사례의 재발견

저는 우리 가족이 서로에게 친밀감과 유대감을 잘 느끼지 못하고 있다고 생각합니다. 가족에게 기대하는 정서적 욕구가 채워지지 않았을 때, 스마트폰 과의존 위험성이 높아진다는 것을 기사로 접한 적이 있어요. 중기가 스마트폰을 하는 시간이 점점 길어지고 있다는 생각이 들어서 중기에게 스마트폰이 어떤 의미인지를 물어보았습니다. 부모님이 집에 없고 혼자 있을 때 친구들과 채팅이나 게임을 한다는 이야기를 들으니 스마트폰을 통해 위로도 받고 무료함도 달래는 것 같았습니다.

주말에 온 가족이 함께 모여 각자 어떤 가족이 되었으면 하는지에 대해 생각을 나누었습니다. 대화하는 시간이 많은 가족, 서로를 잘 이해하고 응원해 주는 가족, 친한 가족이 되었으면 좋겠다는 서로의 바람을 듣고 앞으로 그런 가족이 되기 위해 스마트폰 사용 시간을 조절해 보자고 제안해 보았어요. 그리고 실천을 위한 가족 규칙을 만들어 보기로 했습니다.

중기   학교에서처럼 집에 들어오면 우리도 바구니에 핸
        드폰을 모아 둬요.

아빠   난 반댈세! 그건 너무해.

엄마   그럼 밥 먹을 때만이라도 따로 놓아두면 어때?

아빠   일주일 동안의 사용 시간과 내용을 적어 보는 것
        도 괜찮지 않나?

중기   요즘은 다들 사용량 체크하는 앱을 써요.

엄마   그게 뭐야?

중기   아이참, 스마트폰으로 어떤 걸 얼마나 쓰는지 확
        인해 주는 거예요.

아빠   야, 참 좋은 세상이다. 그런 게 바로 된다고?

⌛ 아동 인권 한 스푼

아동들이 스마트폰에 빠지는 이유에 관심을 가져 보세요. 아동은 게임을 하고 유튜브를 시청하고 채팅을 하며, 자신의 감정에 공감해 주고 응원과 지지를 해 주는 사람에게 유대감과 친밀감을 느끼기도 합니다. 그리고 그 안에서 또래 문화를 경험하기도 합니다. 때로는 재미와 흥미를 따라 새로운 콘텐츠를 찾는 과정에서 성취감을 맛보기도 하죠. 이런 아동의 마음을 잘 헤아리고 스스로 조절해서 사용할 수 있도록 보호자가 역할 모델이 되어 주어야 합니다.

2022년에 한국지능정보사회진흥원이 발표한 〈2021년 스마트폰 과의존 실태 조사〉에 따르면 우리나라 스마트폰 이용자 중 24.2%는 과의존 위험군인 것으로 조사되었으며 이는 지속적인 증가세를 보이고 있습니다. 스마트폰 과의존은 아동의 몸과 마음이 건강하게 발달하는 데 방해가 됩니다. 특히 게임, 영상과 같은 강한 자극에 지속해서 노출된 뇌는 주의력과 집중력 형성에 필요한 전두엽을 제대로 발달시키지 못해 학업에 부정적인 영향을 미치고 상대방에 대한 공감 능력이 저하되기도 합니다.

그러나 무조건 못하게 한다고 아동이 스마트폰을 내려놓지는 않습니다. 그렇다면 중요한 것은 스마트폰을 건강하게 사용하는 것이겠죠. 넘쳐 나는 정보 속에서 정보를 취득하는 능력과, 버려야 할 정보를 선택하는 힘을 기르는 것이 필요합니다. 이를 가르치는 것이 미디어 리터러시 교육입니다.

미디어 리터러시는 다양한 매체를 이해할 수 있는 능력이며, 다양한 형태의 메시지에 접근하여 메시지를 분석하고 평가하고 의사소통할 수 있는 능력입니다(네이버 지식 백과, 2023). 아동도 미디어 리터러시의 필요성을 이해하고 실천할 수 있도록 하는 것이 도움이 됩니다.

유엔 아동권리협약의 네 가지 기본권 중 하나인 보호권은 미디어 환경에서도 실현되고 존중되어야 합니다. 아동이 건강하게 잘 성장할 수 있도록 유해한 환경으로부터 보호해야 할 책무가 부모에게 있습니다. 안전한 미디어 환경을 제공하기 위해서는 부모가 먼저 미디어 속 혐오와 차별에 대한 민감성을 갖고 가짜와 진짜를 구분할 수 있는 힘이 있어야 합니다. 그래야 자녀도 기준을 갖고 미디어 속 각종 정보를 분석하고 평가하고 의사소통하는 능력을 향상시켜 나갈 수 있습니다. 또한 스마트폰과 관련한 규칙을 정하는 것은 아동과 직접 관련된 문제이므로 아동이 주체가 되는 것이 중요합니다. 아동이 참여하여 자신의 목소리를 낼 때 책임감을 갖고 규칙을 지키기 위해 노력한다는 것을 꼭 기억해 주세요.

어쩌다 성교육 말고,
제대로 성교육

열여섯 살 동률이 엄마의 이야기

👤 연애보다 성관계가 걱정되는 동률 맘

아이에게 '여친'이 생겼어요. 정신을 못 차리 네요.

👤 자기 결정권을 옹호하는 희 강사

친구나 가족과는 다른 내 편이 생겨서 얼마나 좋을까요?

👤 연애보다 성관계가 걱정되는 동률 맘

요새는 사귀면 바로 손잡고 키스하고 성관계 도 한대요. 임신이라도 하면 어쩌죠?

👤 자기 결정권을 옹호하는 희 강사

아니, 사귄다고 다 성관계 하나요? 나이에 맞는 성교육으로 좋은 관계를 맺도록 도와주 세요.

얼마 전 뉴스에서 성 경험이 있는 우리나라 청소년들의 성관계 시작 연령이 13.6세라는 보도를 보았습니다. 중학교 3학년인 아들 동률이에게 여자 친구가 있다는 것을 알기에 혹시 내 아이도 성관계를 가지면 어쩌나 하는 걱정에 잠이 오지 않습니다. 그렇다고 아들에게 "너희들 관계는 어디까지 갔니? 혹시 여자 친구랑 뽀뽀해 봤니?" 하고 물어보기도 어렵고, 성교육은 시켜야겠는데 어떻게 시켜야 할지도 모르겠습니다. 그러다 보니 여자친구를 만났다고 하면 "어디 갔다 왔니?" "만나면 뭐 하고 노니?" "노래방이나 만화 카페는 가지 마." 이런 잔소리만 하게 됩니다. 아들은 "엄마, 내가 알아서 해요. 엄마는 너무 관심이 많아. 잔소리는 지겹단 말이에요."라고 합니다.

❁ 사례의 재발견

여자 친구가 생긴 동률이를 보니 저의 중학교 시절이 떠올랐습니다. 우리 반 남학생을 정말 순수하게 좋아했던 그 시절이 그립기도 합니다. 동률이도 지금 그런 좋은 시간을 보내고 있는 것이겠지요? 그런데 왜 저는 혹시라도 건강하지 않은 교제를 하지는 않을까 걱정이 되는 걸까요?

건강하지 못한 교제는 무엇일까요? 제일 먼저 또 가장 많이 떠오르는 것이 성적인 부분입니다. 건강하지 못한 교제는 사실 성적인 부분 이외에도 사귄다는 이유로 상대를 통제하려 하거나 신체적 언어적 정서적인 폭력을 사용하는 문제도 있는데 말이지요.

이 참에 '청소년의 성' '청소년 성 문화' '청소년 성교육'이라는 키워드로 검색을 해 보았습니다. 여러 가지 정보를 확인해 볼 수 있었고 청소년성문화센터에서 성교육을 받을 수 있다는 것을 알게 되었습니다. 엄마인 내가 성교육을 일상에서 하면 좋겠지만 아직 방법을 잘 모르기에 저부터 교육을 받아 보고 동률이도 교육을 받아 보게 하면 참 좋겠다는 생각이 들었습니다.

두려워 말고 아이와 자연스럽게 이야기를 해 보려고 합니다. 건강한 교제는 어떤 것일까에 대한 대화도 없이 혼자 걱정하는 것은 아무 의미가 없다는 것을 생각하며 웃어 봅니다. 사랑하는 사람과 소통하는 방법, 마음을 표현하는 다양한 방법에 대해서도 이야기해 보고 싶습니다. 생각해 보니 평소 동률이와 나눈 대화는 급식을 잘 먹었는지, 과제를 했는지, 학원에는 잘 다녀왔는지, 시험 성적은 어떤지 등이 다였어요. 중요한 것은 사람과의 관계이고, 더구나 사랑하고 좋아하는 사람과의 관계 맺기는 정말 중요한데 말이지요.

⌛ 아동 인권 한 스푼

우리 모두에게는 성적 자기 결정권이 있습니다. 자녀는 독립된 인격체이고 성적인 존재이며, 성적 자기 결정권을 가지고 있습니다. 관계해서는 안 된다고 말하기보다 아동이 성과 관련해서 자신의 권리를 건강하고 안전하게, 정당하게 사용할 수 있도록 많은 대화와 준비를 할 필요가 있다는 뜻입니다.

건강하고 건전한 교제란 어떤 교제인지 자녀와 대화해 본 적이 있나요? 교제를 한다면 성관계부터 걱정하는 이유는 왜일까요? 합의된 성적인 행동에도 책임이 따르며, 준비되지 않은 성적 행동엔 위험 요소들이 있다는 것에 대해 자녀들과 진지한 대화를 나눠 보기를 권합니다.

어떤 분은 피임 교육을 하면 청소년들의 성관계가 문란해질 거라며 걱정합니다. 일부 청소년의 문제를 대다수 청소년의 문제로 확대해 미리 교육을 하는 건 아니라고 말하는 분도 계십니다. 하지만 모든 사람이 중독이 아니더라도 우리는 늘 도박 중독, 게임 중독, 스마트폰 과의존 예방 교육을 해 왔으며, 모두가 폭력을 사용하지 않아도 성폭력이나 학교 폭력

예방 교육을 하고 있습니다. 그렇다면 제대로 된 성교육을 못 할 이유도 없습니다. 성관계를 갖는 청소년이 소수라 해도 교육은 필요합니다.

청소년들은 다양한 매체를 통해 우리가 모르는 사이 각종 음란물에 노출되기도 하고 성적 호기심을 해소하기 위해 음성적으로 얻은 성 지식을 친구들끼리 나누기도 합니다. 성에 무지하거나 잘못된 성 지식을 지닌 청소년들의 성적 행위는 청소년 자신에게 더 많은 고통을 가져다줄 수 있습니다. 임신한 줄도 모르고 있다가 화장실에서 출산을 하거나, 능력이 없어서 키울 수 없다고 아기를 유기하거나, 학업을 중단한 채 누구의 도움도 없이 혼자 양육의 무게를 감당하는 등의 일이 벌어지지 않게 해야겠습니다.

또 아동들의 성적 자기 결정권이 '그루밍' 등 성적 착취를 위한 거짓된 행동에 침해당하지 않아야 합니다. 그래서 법에서는 성인이 만 16세 미만의 아동과 성관계를 갖는다면 합의 여부와 상관없이 성범죄로 보고 있습니다. 하지만 13세 이상 16세 미만의 아동들이 서로 합의하에 성관계를 갖는다면 이건 범죄로 보지 않습니다. 그들의 성적 자기 결정권을 인정하는 것입니다.

그렇기에 자녀의 발달 단계에 따른 제대로 된 성교육이 진행되어야 하고 그들이 궁금해하는 피임법 또한 알려 주어야 합니다. 그와 함께 평등한 관계 맺기, 존중, 의사소통, 동의, 경계, 책임 등에 대한 교육이 학교와 가정에서 자연스럽게 이루어져야 합니다. '더 많이 알면 알수록 성 행동을 많이 하지 않을까?' 하는 걱정을 하는 분도 계시지만 자신과 상대의 권리를 잘 알고 우리 몸과 생명의 소중함을 알게 되면 자신의 성적 자기 결정권을 사용할 때 좀 더 심사숙고하게 될 것입니다. 그리고 만약 임신이 된다면 몸에 어떤 변화가 오는지, 청소년 임신 관련 상담은 어디에서 받아야 하고 어떤 지원과 도움을 받을 수 있는지에 대해서 청소년들은 알 권리가 있습니다. 만에 하나 일어날 수 있는 위급 상황 시 대처 요령을 배우는 것과 같다고 봐도 좋겠습니다.

춘향이도 열여섯에 사랑을 했고, 멀지 않았던 과거 할머니 세대엔 열여섯에 결혼해 출산한 사람도 꽤 있었습니다. 요즘은 성과 관련된 정보도 많고 다양한 사람을 만날 기회도 많고 아동의 신체 발육 상태나 성장 속도도 더 빠르니 어찌 보면 성에 관심을 갖고, 애인을 사귀는 행동이 하나도 이상하지 않다는 생각을 해 봅니다. 그렇기에 성교육은 필요합니다.

유네스코에서는 국제 성교육 가이드(International Technical Guidance on Sexuality Education)를 통해 '포괄적 성교육' 개념을 제시했습니다. 포괄적 성교육은 말 그대로 성에 대해 신체적, 정서적, 인지적, 사회적 측면 모두를 종합적으로 가르치는 것입니다. 포괄적 성교육의 목적은 건강과 복지, 존엄성에 대한 인식 능력, 자신의 능력, 자신과 타인의 복지에 미치는 영향을 고려한 선택 능력, 자신의 삶 속 권리에 대한 이해와 보호 능력을 높일 수 있는 지식, 기술, 태도, 가치, 존중하는 사회적 성적 관계 형성 능력 등을 갖추도록 하는 것입니다.

아동들은 다양한 경로를 통해 우리 시대의 성 문화를 경험합니다. 그중에는 좋은 내용도 있지만, 성을 상품화하거나 성별 갈등을 부추기는 내용도 있습니다. 또 성 소수자에 대한 혐오 표현이나 불법 촬영물 등 왜곡된 성 인식도 있습니다. 아동들은 연령이나 발달 단계에 따라 성과 관련하여 어떤 지식과 기술, 가치, 태도를 가져야 하는지 하나씩 차근차근 배워야 합니다. 무엇이 옳고 그른지, 해서는 안 되는 행동이 무엇인지 판단하고 행동으로 옮길 수 있어야 합니다.

그것을 누가 가르칠 수 있을까요? 이 역할을 가장 잘 수행할 수 있는 사람은 학교 교사도 유튜버도 아닌, 항상 함께하는 부모나 양육자입니다. 나 자신이 성에 대해 건강한 인식을 갖고 있는지 살펴보고, 부정확하고 부정적인 내용 대신 삶에 꼭 필요한 성 지식을 얻고 올바른 태도를 기르도록 도와주시기 바랍니다.

엔진은 페라리,
브레이크는 자전거

열네 살 광희 엄마의 이야기

👤 속이 답답한 광희맘

우리 아이는 입에 자물쇠를 채운 것 같아요.
무슨 생각을 하는지 도통 알 수가 없어요.

👤 마음찰떡 공감맘

맞아요, 맞아. 어쩜 우리 집 얘기 같아요.

👤 속이 답답한 광희맘

재잘재잘 얘기하다가도 갑자기 아이의 태도
가 바뀌어 버려요. 방문을 꽝 닫고 들어가면
끝입니다.

👤 마음찰떡 공감맘

속 터지네요.

👤 속이 답답한 광희맘

내가 좋은 엄마가 될 수 있을까요? 예전엔 좋
은 엄마가 될 자신이 있었는데…….

👤 마음찰떡 공감맘

저도 그래요. 점점 자신이 없어지네요.

중학교 1학년인 아들 광희는 어릴 때부터 어른스러운 편이었습니다. 다른 아이들보다 성장 속도가 빠르고 생각도 또래보다 조숙했어요. 책을 즐겨 보고 탐구 활동을 좋아했습니다. 지난 겨울 방학까지 엄마 아빠에게 자기 몸에 털이 나는 것에 대해 질문하고, 학교에서 친구들끼리 성기를 가지고 놀린다고 "유치하게들 놀고 있다."라며 그 친구들이 한심하다고 말하기도 했어요. 아이의 궁금증에 대해 저는 성심을 다해 답을 찾아주려 노력해 왔습니다. 간혹 친구 엄마들이 아이들의 태도가 바뀌었다면서 걱정을 털어놓을 때도 그건 남의 집 일이겠거니 했지요. 그랬는데 그것이 이제 저의 걱정이 되어 버렸어요.

몇 주 전부터 우리 광희가 점점 말이 없어지고 엄마 아빠와는 눈도 마주치지 않으려 하네요. 어제는 동생 광수가 게임 팩을 찾으러 형 방에 들어갔다가 형의 책상 속에서 메모지를 발견하고 읽은 모양이에요. 사실 별 내용도 아니고 같은 반 여학생이 광희를 좋아한다는 고백의 글이 몇 줄 쓰여 있었대요. 그 사실을 알게 된 광희는 동생을 주먹으로 치려다가 차마 때리지 못하고 벽을 주먹으로 쳐서 손에 피멍이 들었습니다. 그런 광희 모습에 너무 놀라 저 아이가 정말 내 아이가 맞는지 가슴을 쓸어내렸습니다. 그 사건이 있고 난 후 광희가 방에 들어가면 '딸깍' 문을 잠그는 소리가 들려요. 그 소리를 듣고 있자니 왠지 이제 나와는 거리가 먼 아들이 된 느낌이 들어 허탈합니다.

학교에서 무슨 일이 있는 건지, 친구들이 괴롭히는 것은 아닌지, 이성 간의 문제가 생긴 것인지, 학업 스트레스가 많은 건지……. 너무 걱정되어 담임 선생님께 여쭤 보았는데 학교에서는 잘 지낸다고 걱정 말라고 하시더라고요. 어떤 일이 벌어지고 있는지 점점 엄마로서 자신감이 무너져 내립니다.

> "나는 네가 자신감 넘치고, 강하고, 독립적인 사람이 되면 좋겠어. 그렇지만 지금 당장은 고분고분하고 얌전한 사람이 되면 좋겠구나."

❋ 사례의 재발견

광희에 관한 일은 뭐든 알고 있다고 믿었는데 이제 뭔가 커다란 벽이 우리 둘 사이에 있는 것 같습니다. 누군가 내 아이 머릿속에 들어가 조종하는 것 같아 그 모습을 지켜보는 것이 괴롭습니다. 광희가 말로만 듣던 사춘기에 접어든 것 같아요.

제가 최근 가장 많이 듣는 말은 "내가 알아서 할게요."입니다. 갑작스러운 아이의 변화에 저도 당황스럽습니다. 광희는 스스로 다 컸다고 생각해 독립적이고 싶어 하고, 저는 아이가 아직은 어려서 스스로 뭔가를 결정할 수 없다고 생각하는 데서 오는 갈등이라 생각됩니다. 제가 광희에게 어떤 말을 많이 하는지 스스로 관찰해 보았어요.

"광희야, 숙제했니?"
"광희야, 방 정리 좀 해라!"
"광희야, 빨리빨리 좀 씻어."
"광희야, 스마트폰 그만해."

주로 지시하고 명령하고 통제하고 위협하는 말을 많이 하고 있다는 것을 알게 되었습니다. 누군가가 나를 이렇게 대한다면 나는 어떤 기분이 들까 반대로 생각해 보니 이제 제가 광희를 대하는 태도를 바꾸어야 한다는 생각이 비로소 들었습니다.

"광희는 이제 내 품 안의 자식이 아니라 성인이 될 준비를 하고 있구나! 부모인 내가 아이를 독립적인 존재로 존중해 주어야 자주성을 기를 수 있겠군."

이제껏 저는 "네 의견을 존중해. 네 생각을 말할 권리가 있으니 말해 봐!"라고 말하면서도 정작 아이가 말하면 잘 듣지 않고 내 의견만 주장했어요. 아이의 말할 권리가 지켜지기 위해서는 누군가가 그 말을 들어 주려 해야겠구나, 그래야 아이가 비로소 말할 수 있겠구나 생각하게 되었죠.

광희가 '엄마는 내 말을 무시하지 않는다, 내 생각을 듣고 싶어 한다'는 것을 알게 하기 위해 어떻게 해야 할까 고민하다 보니 과거에 학교에 오신 부모 교육 강사님이 가르쳐 주신 방법이 떠올랐습니다.

> 어린아이가 아니라 친구인 어른 대하듯 하기.
> 아이의 사생활을 꼬치꼬치 캐묻지 않기.
> 화를 내거나 과하게 반응하지 않기.
> 아이는 잔소리라 여기니 같은 말 반복하지 않기.

결국 아이를 믿어 주고 아이 입장에서 생각해 보고 공감하는 언어 습관을 갖는 것이겠죠. 이런 습관은 아이를 어른과 같은 인격을 가진 한 사람으로 볼 때 가능할 것입니다.

'도를 닦는 일이겠군!'

처음엔 자신 없고 뭘 해도 관계가 개선될 것 같지 않았지만, 아이 편에서 마음을 읽어 주니 아이는 놀랍게도 조금씩 친근했던 예전의 모습을 보이기도 합니다. 이런 피나는 노력으로, 광희와 저의 관계를 서로 존중하며 신뢰하는 안정된 관계로 만들어 갈 수 있겠지요?

⧖ 아동 인권 한 스푼

광희는 이제 사춘기에 접어드는 시기입니다. 호르몬의 자극으로 인해 몸과 마음에 변화가 많이 생기고, 뇌는 '리모델링'을 하면서 더 많은 휴식을 필요로 합니다. 이 시기의 아동은 친구 사이의 우정이 부모와의 관계보다 훨씬 중요해집니다. 친구가 부모보다 말도 훨씬 잘 통하고 친구에게 인정받고 싶은 욕구도 커지기 때문에 또래 압력에 시달리기도 합니다. 가족 행사가 있을 때도 친구들과 만나기 위해 참석하지 않겠다고도 합니다. 또 이성과 외모에 대한 호기심도 부쩍 많아집니다.

아동은 자신의 가치관이 단단해지면서 부모의 의견에 토를 달 때가 많아집니다. 이때 만약 양육자가 잔소리와 설교, 인신공격 등의 방법으로 자녀를 대하게 되면 자녀와의 관계는 심각한 수렁에 빠질 수 있습니다. 아동에게는 지지하는 대화와, 감정에 이입하여 들어 주는 공감적 태도가 필요합니다. 충분히 들어 주다가 가끔 질문하고, 먼저 조언을 구할 때까지 조언을 삼가야 합니다. 아이의 말을 믿어 주면서 너를 지지한다고 말해 주고, 스스로 문제를 해결하도록 기회를 주어야 합니다.

흔히 아동에서 성인으로 성장하는 과도기적인 시기를 '질풍노도의 시기'라 표현하기도 합니다. 뇌의 호르몬 작용으로 인해 신체 변화와 더불어 과격한 감정과 정서적 동요가 일어납니다. 청소년들의 행동을 이해하기 위해서는 이런 뇌 발달을 이해할 필요가 있습니다.

뇌 신경 과학자들은 10대들이 사용하는 뇌의 부위가 성인과 다르다고 말합니다. 같은 상황을 바라볼 때 성인은 논리적 영역인 전두엽을 사용하는 반면, 10대는 감정 중추인 편도체가 더 활성화된다는 것입니다.

청소년기에는 성인으로 살아가기 위해 역량을 넓힐 시간이 필요합니다. 역량을 넓힌다는 것을 자칫 학습량을 늘려야 한다는 뜻으로 오인해서는 안 됩니다. 이는 '나는 어떤 사람인가?' '무엇을 할 때 기쁘고 무엇을 잘할 수 있는가?' '문제 상황에서 어떤 방식으로 갈등을 해결할 것인가?' '타인의 감정을 존중하는 방법은 무엇인가?' 등으로 생각을 확장한다는 것입니다. 이 시기에 역량을 충분히 활성화시키고 힘을 키워야 평생 살아가는 데 필요한 자기 정체성이 제대로 만들어질 수 있습니다.

한 뇌 신경학자는 청소년의 뇌를 두고 "엔진은 페라리인데 브레이크는 자전거"라고 비유했습니다. 생각과 에너지는 쉽게 발동이 되는 반면, 브레이크는 자전거 수준이라 잘 조절이 안 되고 감정의 영향을 많이 받는다는 것을 표현한 문장입니다. 이 브레이크 기능만 잘 강화하면 얼마나 멋진 시너지를 낼 수 있을까요? 어떤 문제를 만났을 때 양육자가 먼저 이성적이고 합리적으로, 자녀를 존중하며 대해야 하는 이유도 여기에 있습니다.

울음으로 모든 걸
표현하는 아이

멜랑콜리 무드 맘

밖에 소나기가 쏟아지고 있어요.

살랑 코스모스 맘

정말요? 예전에 우산을 가져다주지 않았다가 어찌나 원망을 들었는지. 오늘은 우산 배달을 해 줘야겠어요.

늘 정신없이 바쁜 윤지 맘

댁의 아이처럼 자신이 화가 났다는 걸 이야기하면 좋으련만……. 우리 애는 고등학생인데 도통 말을 안 하고 툭하면 울기만 하니 정말 답답합니다.

멜랑콜리 무드 맘

저는 그 마음 조금 이해가 돼요. 말하고 싶어도 말하기 어려운 아이는 얼마나 답답할까요?

저와 남편은 고등학교 동창입니다. 고등학교 졸업 후 서울에 올라와 지금껏 갖은 고생을 하며 근근이 살아오고 있습니다. 저는 딸 윤지가 태어난 뒤 초등학교 앞의 작은 문방구를 인수해 운영했는데 학교 앞에 신도시가 들어서면서 일손이 부족해졌어요. 윤지를 살뜰히 돌볼 시간 여유가 없는 생활을 하고 있습니다.

초등학교와 중학교 시절 내내 윤지는 상위권을 유지했어요. 저와 남편은 우리가 못 배워 고생을 했으니 윤지만큼은 그런 삶을 살지 않게 하고 싶어 성적에 늘 민감했지요. 잘 가르치고 싶어서 방학이면 캠프도 보내고 외국 어학 연수도 보냈답니다.

초등학교 때부터 윤지는 툭 하면 울어서 별명이 늘 '울보' 아니면 '평강 공주'였어요. 집에서나 학교에서나 한번 울기 시작하면 그치지 않고 심하게 울었는데 아무도 무엇 때문에 우는지 알 수가 없었어요. 저는 '우는 버릇은 크면서 차차 없어지겠지.' 하고 별로 대수롭지 않게 생각했어요.

그런데 엊그제 수학 학원 선생님께 전화가 왔는데 윤지가 대성통곡을 했고, 어느 누가 달래도 그치지 않아 한 시간 동안 학원 수업 자체가 중단되었다고 하셨습니다. 아마 학교에서도 그런 일이 있었는지 친구들은 이상한 애라면서 누군가 윤지와 친해지려 하면 "가까이하지 마라."라며 조심하라고 했다는 거예요. 그제야 문제의 심각성이 느껴졌습니다. 그런데 학원에서 그렇게 심하게 울었던 날에도 윤지는 집에 와서 아무 내색 없이 웃으면서 밥을 먹었습니다. 아무래도 안 되겠다 싶어 학원에서 전화가 왔었다고 말했습니다.

> **엄마**   어제 학원 선생님 전화를 받았는데, 무슨 일이 있었어?
>
> **윤지**   몰라!
>
> **엄마**   수학 문제가 잘 안 풀리니?
>
> **윤지**   응. 난 수학 학원 가는 게 너무 무서워! 엉엉엉.

윤지는 수학이 무섭다며 또다시 울음보를 터트렸습니다. 그렇게 한 시간쯤 울고 나서야 울음을 그쳤습니다.

✹ 사례의 재발견

윤지는 마음이 여리고, 소심하고, 순종적인 아이입니다. 저는 윤지가 얼마나 성적에 스트레스를 받는지 전혀 몰랐습니다. 늘 바쁘게 지낸 저희 부부는 윤지가 학교생활은 잘하고 있는지, 친구들과 어떤 갈등이 있는지, 윤지의 마음이 어떤지 관심을 기울일 여유가 없었습니다. 먹고살기 바빴죠. 착한 윤지는 부모가 결정한 학원, 부모가 사다 주는 옷, 부모가 선택한 캠프…… 모든 것에 별다른 불평을 하지 않고 순순히 따랐죠. 저희는 아이가 부모와 생각이 다를 수 있다는 것을 상상하지 못했습니다.

저는 오로지 윤지의 점수에만 관심을 기울였습니다. 시험에 대한 두려움이나 경쟁, 발표할 때의 긴장감……. 이 모든 것이 윤지에게는 많은 압박과 스트레스로 작용했나 봅니다. 윤지에게 가장 자주 한 말을 생각해 보니 '공부에 집중하라'는 말이었네요. 사실 윤지가 좋은 대학에 가고 성공하려면 공부에만 전념하는 것은 당연하다 생각했기 때문에 윤지가 공부 외의 다른 이야기를 하려 할 때 귀담아 들어 주려 하지 않고 무시할 때가 많았습니다. 내 부모가 나에게 한 것처럼 그저 충분히 먹이고 입히면 저절로 잘 성장할 줄로만 알았어요.

"공부는 때가 있어. 몇 년만 고생하면 실컷 놀 수 있단다."

"우리처럼 고생하지 않고 편안하게 살려면 약해지지 말고 독하게 맘먹고 공부해라."

고등학생인 윤지는 누구나 부러워할 만큼 공부를 잘합니다. 그런데 자신의 감정을 느끼고 표현하는 것에는 초등학생처럼 어설픈 것 같습니다. 스스로 감정을 들여다보고 말로 전달해 본 경험이 거의 없었기 때문일까요? 그저 '웃거나' '울거나' '화내거나' 하는 것이 감정 표현의 전부입니다.

윤지에게 왜 이런 문제가 생겼는지 고민하다 보니 다른 집과 달리 우리 집은 아이의 말을 들어 주고 생각을 물어봐 주고 의사를 표현하게 해 주는 소통 과정이 거의 없었다는 사실을 알게 되었습니다. 저도 남편도 감정을 드러내는 데는 많이 부족하더라고요.

아이들은 감정의 이름과 온도를 느끼며 성장한다고 합니다. 그리고 그 감정을 다루는 방법도 자연스럽게 학습합니다. 그런데 윤지는 어떤 정서적 교감도 사치스럽게 생각되는 환경에서 성장했어요. 늦은 감이 있지만 지금부터라도 자주 이야기하면서 감정의 이름을 알아 가고, 감정이 올라오는 순간 그 감정을 어떻게 표현하고 해결할지 하나씩 같이 연습해야겠어요. 가족 모두 표현에 서툰 사람들이니 연습이 많이 필요할 겁니다. 같이 노력하다 보면 '수학 점수 때문에 걱정이 되는지' '등수가 올라서 좋은지'를 울음이 아닌 말로 표현할 수 있게 되겠지요?

"화가 났구나!"
"속상했어?"
"짜증 났겠다!"
"불안했구나."
"기뻤어?"
"재미있었어?"
"좋았어?"

3부 청소년 인권을 말하다

⌛ 아동 인권 한 스푼

아동은 자신만의 생각을 갖고 의견을 표현할 수 있는 존재입니다. 좀 더 나은 삶을 위해 바꾸고 싶은 것이나 해결하고 싶은 문제가 있을 때 자발적으로 의견을 제시해 본 경험은 아이들의 주체성을 높이는 데 중요한 역할을 합니다.

의사 결정 과정에서 아동·청소년의 참여를 활성화하려면 무엇이 필요할까요? 영국 퀸즈대학의 로라 런디 교수가 제시한 참여 모델의 4가지 핵심 요소는 다음과 같습니다.

① 공간

아동이 견해를 표현할 수 있는 안전한 기회의 장을 의미합니다. 이 공간에서 아동은 자신의 견해를 안전하고 자유롭게 이야기할 수 있어야 합니다.

② 목소리

아동이 견해를 표현하는 발언권을 의미합니다. 아동이 자신의 견해를 표현하도록 적극적으로 장려해야 합니다.

③ 청자

아동이 표현한 견해를 듣는 존재를 의미합니다. 여기서 중요한 것은 아동이 표현한 견해에 '정당한 비중'이 부여되어 전달되었을 때 비로소 실현이 이루어졌다고 볼 수 있다는 점입니다.

④ 영향력

아동의 견해로 인해 발생하는 변화를 의미합니다. 아동의 견해를 듣기만 하는 것에서 그치는 게 아닌, 적절한 행동을 통해 변화를 도모할 수 있어야 합니다.

출처 : Laura Lundy(2007) 'Voice' is not enough

무조건
공부나 해

👤 공부가 제일 걱정인 진경 맘

> 우리 애는 진짜 머리가 나쁜가 봐요. 학원을
> 바꿔 줘도 공부하기가 너무 힘들대요.

👤 희망을 선물하고픈 희 강사

> 사실 공부가 쉬운 것은 아니지요. 우리가 학
> 생일 때 생각을 해 보세요.

👤 공부가 제일 걱정인 진경 맘

> 자식 잘되는 거 하나 바라며 열심히 사는데
> 아이가 힘들어하니 답답하기도 하고 화도 납
> 니다.

👤 희망을 선물하고픈 희 강사

> 힘들어한다고 꾸중하기보다 구체적으로 무
> 엇이 힘든지 이야기해 보고 적절한 도움을 주
> 는 것은 어떨까요?

하나밖에 없는 딸 진경이가 울면서 말합니다.

"엄마, 저 요즘 공부가 너무 힘들어요. 열심히 해도 성적이 안 오르고 머리도 나쁜 거 같다고요. 다 때려치우고 죽고 싶어요."

너무 속상한 맘에 "죽긴 왜 죽어? 그렇게 나약하게 굴면 어떻게 하니? 남들 다 하는 공부인데 유난 떨지 말고 그냥 열심히 나 해. 내가 이 고생을 참고 있는 게 누구 때문인데 공부만 하는 네가 뭐가 힘들다고 그런 말을 하니? 그런 소리 들으면 내가 더 안 살고 싶다."라며 화를 냈습니다. 남편도 이야기합니다. "쟤는 마음이 약해서 큰일이야. 도대체 누구를 닮아 저래. 아휴!" 진경이는 계속 울면서 "엄마 아빠가 나 때문에 고생하는 거 아는데 미안해요. 그런데 나도 너무 힘들어요."라며 어깨가 축 늘어져 방으로 들어갑니다.

✿ 사례의 재발견

최근 하나밖에 없는 딸 진경이가 자신은 머리가 나쁜 것 같고 이렇게 사느니 죽는 게 더 편할 것 같다는 말을 했습니다. 얼마나 힘들면 그런 말을 할까 하는 마음에 우리 부부는 진경이와 속 깊은 대화를 해 보기로 했습니다. 고맙게도 진경이는 자신의 속마음을 이야기해 주었습니다. 잘하고 싶은 마음은 있지만 현재 학원의 진도를 따라가기가 힘들고, 다른 아이들에 비해 자신의 머리가 나쁜 건 아닌가 싶어 자꾸 비교되고 위축된다고 합니다. 부모님이 자신만 바라보고 고생하는데 부모님께 너무 미안하다고도 말했습니다. 아이가 부모의 불화도 자신의 탓이라고 느끼고, 비싼 학원비로 경제적 부담을 주는데 그만큼의 성과를 못 내고 있어 괴로워하고 있다는 것을 알게 되었습니다. 그게 진경이를 얼마나 무기력하게 만들고 힘들게 하는지도요.

진경이를 안아 주었습니다.

"우리 딸 진경이, 그동안 많이 힘들었구나. 힘든 마음을 말해 줘서 너무 고마워."

먼저 우리 부부는 진경이 때문에 싸우는 게 아니며, 못난 모습을 보여 미안하다고 말해 주었습니다. 마음먹은 대로 성적이 오르면 좋겠지만 성적보다 진경이가 즐겁고 행복하게 생활하는 것이 더 좋다는 마음도 표현했습니다. 아이 아빠는 현실적으로 지금 다니는 학원에서 배우는 것이 어렵다면 아이 속도에 맞춰 지도해 줄 수 있는 학원을 찾아보는 것도 방법이라고 말했습니다. 경제적으로 감당할 수 있는 만큼 지원하고 있는 것이니 너무 큰 부담을 갖지 말라고도 말해 주었습니다.

진경이는 한참을 울었습니다. 부모님께 부담을 주고 걱정만 시키는 딸이 아닌 사랑받는 딸인 것 같아 마음이 밝아졌대요. 정말로 표정이 한결 편안해진 걸 볼 수 있었습니다.

⧗ 아동 인권 한 스푼

죽고 싶다는 말은 그만큼이나 힘들다는 말이라는 걸 모르는 사람은 없을 것입니다. 무엇이 그만 살고 싶다는 생각을 할 정도로 아동들을 힘들게 만들까요? 아동들은 자신이 어떤 사람이 되고 싶은지, 이 세상을 어떻게 살아 보고 싶은지, 자신이 무엇을 잘하고 잘해 낼 수 있는지를 생각하고 경험하고 알아보기 전에 학업 성취에 대한 요구부터 받는 경우가 많습니다.

가족들과 소통하며 잘 지내고, 방 정리를 잘하고, 좋아하는 취미 활동을 잘해 낸다 해도 시험 성적이 잘 나올 때만큼 칭찬을 받지는 못하는 것이 현실입니다. '다른 것은 좀 부족해도 공부를 잘하면 나중에 다 괜찮아질 것이다.'라고 생각하는 부모들이 아직도 많습니다. 아이가 공부를 어려워하고 힘들어하는 것을 알면서도 모르는 척하고, 공부하느라 힘든 것은 당연히 참아 내야 하는 것처럼 이야기하기도 합니다. 어려워도 견디고 참아 가며 공부하지 못하면 부족한 아이인 양, 미래 진로까지 걱정되는 아이로 만들어 버리기도 합니다.

모든 아동은 저마다 타고난 성향과 기질이 다르고 적성과 흥미, 잠재력도 다릅니다. 다른 그들이 각자 어떤 사람이 되고 싶은지, 세상에서 어떤 역할을 하고 싶은지, 무엇을 하며 제 역할을 해낼지 고민할 때, 옆에서 함께 소통하며 그들의 잠재력을 키우고 발휘할 수 있도록 돕는 것이 아동과 함께 살아가는 우리 성인들의 역할이 아닌가 생각해 봅니다.

여성가족부의 2021년 〈청소년 통계〉를 보면 13~18세 청소년의 고민 1위는 성적, 적성 등 공부(46.5%)였고, 우울감을 경험한 청소년이 25.2%, 스트레스 인지율은 34.2%였습니다. 우리나라 청소년 사망 원인 1위는 몇 년째 어쩔 수 없는 질병이나 사고가 아닌 '극단적 선택'입니다.

"죽고 싶다."라는 말은 "지금 너무 힘들어요. 제 이야기를 들어 주세요. 저 정말 살고 싶어요."라고 해석해야 하는 말이 아닐까 싶습니다. 생명보다 더 귀한 것이 있을까요? 생명이 있어야 미래도 있지요. 아동이 힘들다고 할 때는 가르치거나 조언하기보다 먼저 이야기를 들어 주세요. 경청과 공감이 먼저입니다. 어찌해야 할 바를 모르겠다면 지역의 청소년상담복지센터, 건강가정지원센터, 1388 청소년사이버상담센터 등에 도움을 요청해 보시길 권합니다.

나가며

인권 강사의 한마디

박명금

아이의 권리를 존중하고 돌보는 것은 부모인 나의 권리가 소중하지 않아서가 아닙니다. 나의 모든 것을 내려놓고 포기하는 것이 아니라, 모두가 인정할 수 있는 최선의 방도를 찾으면 좋겠습니다. 작은 것이라도 기쁘게 줄 수 있어야 온전하게 전달되기 때문입니다. 소소한 것들이 쌓여 아이의 인생이 만들어지는 동안 내가 살아온 길도 돌아보고 잘 가꾸면 좋겠습니다.

손민원

인권 강의를 하다 보면 아이 키우기와 관련된 질문을 많이 받아요. 그런데 많은 부모가 아이를 있는 모습 그대로 존중하기보다 부모가 원하는 이상적인 모습으로 바꾸려 하는 것을 발견할 수 있습니다.

우리는 매일 자녀와 씨름을 하면서 항해를 하고 있습니다. 이 책에서 부모와 교사들이 인권 강사들에게 자주 털어놓은 고민을, 아이를 존중하는 방식으로 풀어 갈 수 있도록 제안했습니다. 여러분은 성장한 내 아이가 어떤 사람이 되길 상상하시나요? 자녀의 권리를 존중하는 부모의 태도는 상상 속 아이가 현실이 되는 첫 번째 단추입니다. 이 책이 상상을 현실로 만드는 길을 안내하는 등대가 되기를 바랍니다.

김보희

우리 모두 부모는 처음입니다. 그렇기에 우리도 실수를 합니다. 자녀 양육과 관련된 많은 책을 읽고 일상에서 실천하려고 해도 아동의 권리를 존중하면서 양육하는 것은 결코 쉬운 일이 아닙니다. 실수하고 좌절하더라도 그런 자신의 모습에 실망하며 자책하거나 포기하지 않길 바랍니다. 실수하면 인정하고 사과하며 더 나아지려고 노력하는 부모의 모습을 보여 주세요. 우리 아이는 더 멋지게 성장할 것입니다.

김보선

내가 아이에게 부족하다며 고민하고 반성하는 것, 그 자체만으로도 우리는 이미 아동 권리 실현을 위한 첫걸음을 내딛고 있는 괜찮은 양육자입니다. 피곤에 지쳐 아이와 많은 시간을 함께하지 못해도, 가끔씩 화가 나서 욱해도, 만능 요리사가 아니어도, 아이 옆에 존재한다는 것만으로도 충분합니다. 양육이라는 긴 여정을 함께하고 있는 여러분을 응원하고 지지합니다.

김현정

아동의 권리를 존중하는 것은 현실에서 어렵게 느껴질 수도 있습니다. 저 역시 강사이면서 부모인데 밖에서는 아동 권리를 존중하자고 이야기하고 다니지만 정작 가정에서는 자녀의 권리를 잘 지켜 주고 있는지 늘 고민하고 반성하면서 살아가고 있어요. 아동과 함께하는 모든 분과 이 고민을 나누며 아동 권리를 존중하는 세상을 만들고 싶습니다.

나가며

참고 문헌

책 & 논문 & 보고서

〈2019년 제5·6차 유엔아동권리협약 이행 대한민국 아동보고서〉, 보건복지부, 국제아동인권센터, 2019

〈2021 국가인권실태조사〉, 국가인권위원회, 2021

〈2021 아동학대 연차보고서〉, 보건복지부, 2022

〈2021년 스마트폰 과의존 실태조사 보고서〉, 한국지능정보사회진흥원, 2022

〈2021 아동학대 주요통계〉, 보건복지부, 2022

〈2022 아동행복지수, 아이들의 행복격차를 좁히다〉, 초록우산 어린이재단 아동복지연구소, 2022

〈국제 성교육 가이드〉, 유네스코, 아하 서울시립청소년성문화센터 옮김, 2018

《나는 물리학을 가지고 놀았다》, 존 그리빈·메리 그리빈, 김희봉 옮김, 사이언스북스, 2004

〈아동·청소년권리에 관한 국제협약이행연구〉, 한국청소년정책연구원, 2020

〈유엔아동권리협약 제3·4차 국가보고서 및 권고사항 자료집〉, 보건복지부, 한국아동권리모니터링센터, 2011

〈유엔 인권조약기구 일반논평 및 일반권고_아동권리위원회 일반논평〉, 국가인권위원회, 2021

〈제5·6차 유엔아동권리협약 이행 대한민국 아동보고서_교육으로 고통받는 아동〉, 아동권리 스스로 지킴이, 2018

〈지표, 지수를 통해 본 우리나라 아동권리 실태 및 변화추이〉, 굿네이버스 아동권리포럼, 2022

〈한국 아동의 삶의 질에 관한 종합지수 연구〉, 세이브더칠드런·서울대학교 사회복지연구소, 2021

Thomas, A., & Chess, S. (1977). *Temp erament and Development*. NY: Brunner/ Mazel.

'Voice' is not enough: Conceptualising Article 12 of the United Nations Convention on the Rights of the Child. Laura Lundy(2007), British Educational Research Journal 33(6). 927–942.

보도 자료 & 기사

〈1,406명의 가해자들, 학대 이유 '너무 도 사소했다'〉, KBS 뉴스(2022.2.14.) https://news.kbs.co.kr/news/view. do?ncd=5394132
〈2021년 청소년 통계〉, 여성가족부, 통계 청 (2022.5.24.)
〈2022 아동·청소년 삶의 질〉, 통계청 보

도자료 (2022.12.27)
국제인권규범-유엔아동권리협약 국문, 세계인권선언문 국문, 외교부 홈페이지, https://www.mofa.go.kr (2022.3.9. 인출)
〈노키즈 식당은 아동 차별〉, 국가인권위 원회 보도자료(2017.11.24.)
〈노키즈 존〉, 유챔프 카드뉴스(2020.1.29.) https://m.blog.naver.com/u_champ /221788272007 (2022.3.9. 인출)
〈대한민국, 전 세계에서 62번째로 '아 동 체벌 금지' 국가 됐다〉〈베이비뉴스〉 (2021.3.26.).
https://www.ibabynews.com/news/articl eView.html?idxno=93994 (2023.5.14 인 출)
〈민법 일부개정법률안 국회 본회의 통 과!〉, 법무부 보도자료(2020.1.8.)
〈성인 71% "노키즈 존 운영 찬성"… 초등생 이하 자녀 둔 70%도 "이해

참고 문헌

해">, 〈동아일보〉(2021.12.3.), https://www.donga.com/news/article/all/20211203/110583177/2
〈유엔, 尹정부 첫 인권 지적… "학생 인권 조례 폐지 우려">, 〈중앙일보〉(2023.1.30.) https://v.daum.net/v/20230130185259292 (2022.3.9. 인출)
〈초등학교 일기장 검사 관행되어야〉, 국가인권위원회 보도자료 (2005.4.7.)
〈헬린이, 요린이, 주린이… 어린이를 자처하는 어른들 "(?)린이", 불쾌한 물음 질문에 질문 EP6〉. 교보문고 유튜브 채널 (2021. 4. 23.) https://www.youtube.com/watch?v=AKexDT_71H4 (2022.3.9. 인출)
〈WHO '2~4세 어린이, 하루 1시간 이상 스마트폰 안 돼'〉, 〈한겨레〉 (2019.4.25.) https://www.hani.co.kr/arti/international/international_general/891408.html

웹사이트

〈아이들에게 상처가 되는 말_ 그리다. 100가지 말 상처〉, 세이브더칠드런, (2022.3.9. 인출) https://100words.sc.or.kr/m/html/check.php
〈아동복지법〉 (법률 제17784호, 2020. 12. 29., 일부개정), 국가법령정보센터, https://www.law.go.kr/
〈아동·청소년의 성보호에 관한 법률〉 (법률 제17893호, 2021. 1. 12., 타법개정). 국가법령정보센터, https://www.law.go.kr/
〈청소년보호법〉 (법률 제17285호, 2020. 5. 19., 일부개정), 국가법령정보센터, https://www.law.go.kr/

우리가 꼭 알아야 할 아동 인권 이야기

존중받지 못하는 아이들

초판 1쇄 인쇄 2023년 7월 14일
초판 1쇄 발행 2023년 7월 21일

지은이 박명금, 손민원, 김보희, 김보선, 김현정

대표 장선희 **총괄** 이영철
책임편집 한이슬 **교정교열** 김선아
기획편집 현미나, 정시아
책임디자인 말리북 **디자인** 김효숙, 최아영
마케팅 최의범, 임지윤, 김현진, 이동희
경영관리 이지현

펴낸곳 서사원 출판등록 제2021-000194호
주소 서울시 마포구 성암로330 DMC첨단산업센터 713호
전화 02-898-8778 **팩스** 02-6008-1673
이메일 cr@seosawon.com
네이버 포스트 post.naver.com/seosawon
페이스북 www.facebook.com/seosawon
인스타그램 www.instagram.com/seosawon

ISBN 979-11-6822-190-1 (03330)

서사원은 독자 여러분의 책에 관한 아이디어와 원고 투고를 설레는 마음으로 기다리고 있습니다. 책으로 엮기를 원하는 아이디어가 있는 분은 이메일 cr@seosawon.com으로 간단한 개요와 취지, 연락처 등을 보내주세요. 고민을 멈추고 실행해 보세요. 꿈이 이루어집니다.